Creciendo En La Doctrina

Una compilación de textos y temas para la
memorización de la Palabra de Dios

Creciendo En La Doctrina

Una compilación de textos y temas para la memorización de la Palabra de Dios

Willie A. Alvarenga

"Antes bien, creced en la gracia y el conocimiento de nuestro Señor Jesucristo. A Él sea gloria ahora y hasta el día de la eternidad. Amén."
(2 Pedro 3:18)

P.O. Box 211741
Bedford, TX. 76095
lapalabrapublisher.com

ISBN-13:
978-1543037258

ISBN-10:
1543037259

TABLA DE CONTENIDO

CRECIENDO EN LA DOCTRINA

Creciendo en la doctrina es una herramienta para el estudiante diligente de las Escrituras. En este libro usted encontrará una variedad de textos y temas que puede memorizar para su crecimiento espiritual. Dios, por medio de Su Palabra, nos exhorta y anima a crecer en el conocimiento de Su voluntad (2 Pedro 3:18). También nos anima a que la Palabra de Su Hijo, Cristo Jesús, more en abundancia en nuestros corazones (Colosenses 3:15-16). Por estas razones he preparado este material para que pueda utilizarlo para su crecimiento espiritual.

Este material puede ser utilizado en clases bíblicas o para sermones donde la Palabra de Dios se enfatiza en su pureza (Tito 2:1; 2 Timoteo 1:13). Es mi deseo ferviente y oración que este material sea de mucho provecho para todos los que tomen el tiempo para considerar y examinar su contenido.

Un aproximado de más de 100 horas fueron dedicadas al desarrollo de este material. Mientras preparaba este libro, imaginaba en mi mente los hermanos en Cristo que estarían utilizándolo para compartir la Palabra de Dios con amigos y familiares. Me imaginaba cómo este libro sería de mucho provecho para hermanos que les gusta impartir clases bíblicas, pero que no cuentan con el tiempo para buscar los temas y los pasajes bíblicos que desean utilizar. Dios bendiga a todos los que tienen el deseo de aprender más de la doctrina.

Willie A. Alvarenga

3

LA DOCTRINA SOBRE LA IGLESIA DE CRISTO

"Saludados los unos a los otros con ósculo santo. Os saludan todas las iglesias de Cristo" – Romanos 16:16

LA IGLESIA ANTES DE LA FUNDACIÓN DEL MUNDO:

1. La iglesia estaba en la mente de Dios desde antes de la fundación del mundo (Efesios 1:4; 3:1-10).
2. El sacrificio de Cristo para comprar la iglesia fue destinado desde antes de la fundación del mundo (1 Pedro 1:18-20).

LA IGLESIA EN PROFECÍA:

1. El profeta Daniel profetizó sobre la iglesia (Daniel 2:44).
2. El profeta Isaías profetizó sobre la iglesia (Isaías 2:1-4).
3. El profeta Samuel profetizó de la iglesia (2 Samuel 7:16).

EL FUNDADOR DE LA IGLESIA:

1. El fundador es Cristo (Mateo 16:18; Efesios 2:20; 1 Corintios 3:11).
2. La iglesia no fue fundada por Juan el bautista o cualquier otro hombre.

EL ESTABLECIMIENTO DE LA IGLESIA:

1. La iglesia fue establecida en el día de Pentecostés conforme a las profecías hechas (Isaías 2:1-4; Daniel 2:44; Marcos 9:1; Hechos 2:1-47).
2. La iglesia fue establecida en Jerusalén aproximadamente en el año 33 d.C.

LA ADORACIÓN DE LA IGLESIA:

1. La iglesia adora a Dios conforme al patrón bíblico revelado en el Nuevo Testamento.
2. La iglesia adora en espíritu y en verdad (Juan 4:23-24; Colosenses 3:17).
3. La iglesia canta a Dios sin el uso de instrumentos musicales (Efesios 5:19; Colosenses 3:16; Hebreos 13:15; 1 Corintios 14:15; Mateo 26:30).
4. La iglesia ora al Padre en el nombre de Jesucristo (Juan 14:13-14; Efesios 5:20; Hechos 2:42; 1 Tesalonicenses 5:17).
5. La iglesia observa la Cena del Señor cada primer día de la semana, es decir, cada domingo (Hechos 20:7; 1 Corintios 11:23-26).
6. La iglesia ofrenda cada primer día de la semana (1 Corintios 16:1-2; 2 Corintios 9:6ss).
7. La iglesia enfatiza una predicación bíblica (1 Pedro 4:11; 2 Timoteo 1:13; Tito 2:1).

DESCRIPCIONES DE LA IGLESIA:

1. Las iglesias de Cristo (Romanos 16:16).
2. Mi iglesia (Mateo 16:18).
3. El reino de Su Amado Hijo (Colosenses 1:13).

4. El Cuerpo de Cristo (Efesios 5:23; Colosenses 1:18, 24).
5. La iglesia de Dios (1 Corintios 1:2).

EL PLAN DE SALVACIÓN PARA FORMAR PARTE DE LA IGLESIA:

1. La persona debe oír el evangelio de Cristo (Romanos 10:17; Hechos 8:12).
2. La persona debe creer en el evangelio (Marcos 16:16; Romanos 10:9-10).
3. La persona debe arrepentirse de sus pecados (Hechos 2:38; 3:19; 17:30).
4. La persona debe confesar a Cristo como el Hijo de Dios (Romanos 10:9-10; Mateo 10:32-33).
5. La persona debe ser sumergida en agua para perdón de pecados (Hechos 2:38; 22:16).
6. La persona debe vivir una vida fiel delante de Dios (Apocalipsis 2:10; Filipenses 2:12; 1 Corintios 15:58).

EL TRABAJO DE LA IGLESIA:

1. Predicar la Palabra de Dios (1 Pedro 4:11; Hechos 2:42; 2 Timoteo 4:1-5).
2. Predicar el evangelio a toda criatura (Marcos 16:15-16; Mateo 28:18-20).
3. Ayudar a todos (Gálatas 6:10).
4. Amar a los hermanos (Juan 13:34-35).
5. Vivir una vida santa delante de Dios (1 Pedro 1:13-16; Hebreos 12:14).
6. Esperar la venida de Cristo (1 Tesalonicenses 1:9-10).

EL GOBIERNO DE LA IGLESIA:

1. La iglesia tiene a Cristo como cabeza de la iglesia (Colosenses 1:18).
2. La iglesia tiene ancianos que cumplen con requisitos (1 Timoteo 3:1-7; Filipenses 1:1; Tito 1:5-11; Hechos 14:23).
3. La iglesia cuenta con diáconos que sirven (1 Timoteo 3:8-13; Filipenses 1:1).
4. La iglesia cuenta con evangelistas (2 Timoteo 4:5).
5. La iglesia cuenta con cristianos/miembros (Hechos 11:26; 26:28; 1 Pedro 4:16).

La DOCTRINA SOBRE LOS ANCIANOS DE LA IGLESIA

"Palabra fiel: Si alguno anhela obispado, buena obra desea"
– 1 Timoteo 3:1

LOS ANCIANOS SON PERSONAS DE EDAD AVANZADA:

1. La palabra griega para ancianos es *presbuteros* que básicamente denota una persona mayor, antigua, más viejo o de edad avanzada.
2. La palabra **presbuteros** impide que un joven no puede servir como anciano en la iglesia.
3. Existen tres palabras para referirse a los ancianos: Anciano (presbutero), Obispo (episkopos) y Pastor (poimen).

LOS ANCIANOS DEBEN CUMPLIR CON CIERTOS REQUISITOS:

1. Los requisitos para llegar a ser un anciano se encuentran en 1 Timoteo 3:1-7; Tito 1:5-9 y 1 Pedro 5:1-3.
2. Existen un total de 31 requisitos en los tres pasajes ya mencionados.

EL TRABAJO DE LOS ANCIANOS:

1. Las palabras "pastor" y "obispo" nos ayudan a entender la clase de trabajo que los ancianos deben llevar a cabo.
2. La palabra "pastor" denota el acto de cuidar y proveer para las necesidades de la iglesia de Cristo (1 Pedro 5:2). Esto es lo que hace un pastor con sus ovejas (literalmente hablando).
3. La palabra "obispo" denota el acto de supervisar un trabajo. Los ancianos se aseguran que el trabajo de la iglesia se lleve a cabo conforme a la voluntad de Dios.
4. Los ancianos deben ser actos para enseñar la Palabra y refutar el error de los que contradicen.

LA ACTITUD DE LOS ANCIANOS:

1. Debe ser una persona que trabaja como anciano de una manera voluntaria.
2. Debe ser una persona que sirve no como teniendo señorío sobre los que están a su cuidado.
3. Debe ser una persona ejemplar de la grey.
4. Debe ser una persona irreprensible.
5. Debe ser una persona que evita la soberbia.
6. Debe ser una persona que no es pendenciera o iracunda.
7. Debe ser una persona decorosa y prudente.
8. Debe ser una persona que evita la codicia de ganancias deshonestas.
9. Debe ser una persona amable y apacible.

REQUISITOS DE LOS ANCIANOS:

1. Ya hemos observado que los requisitos para ser un anciano se encuentran en 1 Timoteo 3:1-7; Tito 1:5-11 y 1 Pedro 5:1-4. Observemos los requisitos:
2. Irreprensible.
3. Marido de una sola mujer.
4. Sobrio.
5. Prudente.
6. Decoroso.
7. Hospedador.
8. Apto para enseñar.
9. No dado al vino.
10. No pendenciero.
11. No codicioso de ganancias deshonestas.
12. Amable.
13. Apacible.
14. No avaro
15. Que gobierne bien su casa.
16. Que tenga a sus hijos en sujeción.
17. No un neófito
18. De buen testimonio para con los de afuera.
19. Hijos creyentes no acusados de disolución y rebeldía.
20. Irreprensible como administrador de Dios.
21. No soberbio.
22. No iracundo.
23. Hospedador.
24. Amante de lo bueno.
25. Justo.
26. Santo.
27. Dueño de sí mismo.
28. Retenedor de la Palabra fiel.

29. Que pueda exhortar y convencer con sana enseñanza.

LA MANERA DE TRABAJAR DE LOS ANCIANOS:

1. *Deben apacentar la grey de Dios (1 Pedro 5:2).
2. *Deben cuidar de la iglesia no por fuerza (1 Pedro 5:2).
3. *Deben cuidar la iglesia voluntariamente (1 Pedro 5:2).
4. *Deben trabajar no por ganancia deshonesta (1 Pedro 5:2).
5. *Deben trabajar con ánimo pronto (1 Pedro 5:2).
6. *Deben trabajar no como teniendo señorío sobre la iglesia (1 Pedro 5:3).
7. *Deben ser un buen ejemplo para la iglesia (1 Pedro 5:3).

RESULTADO POSITIVO DEL TRABAJO DE LOS ANCIANOS:

1. Si trabajan conforme a la voluntad de Dios, ellos recibirán la corona incorruptible (1 Pedro 5:4).
2. Salvarán muchas almas si cuidan de ellas como Dios manda (Hechos 20:28).
3. Serán de mucho provecho para el crecimiento espiritual de la iglesia (Hebreos 13:17).

LOS ANCIANOS PUEDEN SER REPRENDIDOS:

1. Si un anciano ya no cumple con los requisitos, el tal debe dejar su responsabilidad.
2. Contra un anciano no se puede admitir acusación sino con dos o tres testigos (1 Timoteo 5:19).

3. Los ancianos pueden ser reprendidos si persisten en pecar (1 Timoteo 5:20).

4. Un anciano puede ser reprendido para que los demás teman (1 Timoteo 5:20).

LOS ANCIANOS DEBEN SER OBEDECIDOS POR LA IGLESIA:

1. La iglesia debe someterse a la autoridad de los ancianos (Hebreos 13:7).

2. La iglesia debe reconocer que los ancianos están en ella para ayudarles en su salvación (Hebreos 13:17).

3. Los ancianos tienen autoridad en asuntos de opinión, y en asuntos de doctrina, ellos deben apegarse al patrón bíblico, el cual encontramos en las páginas del Nuevo Testamento.

LA DOCTRINA SOBRE DIOS

"En el principio creó Dios los cielos y la tierra" – Génesis
1:1

LA EXISTENCIA DE DIOS

1. La existencia de Dios se prueba por medio de Su creación (Génesis 1:1; Salmo 19:1; 33:6, 9).

2. La existencia de Dios se prueba por medio del argumento cosmológico, el cual trata con el argumento de la causa y efecto. Si el universo existe, entonces esto demanda la existencia de un causante mayor, y este causante mayor es Dios (Hebreos 3:4; Salmo 19:1; 33:6).

3. La existencia de Dios se prueba por medio del argumento teleológico, el cual trata con el argumento del diseño en la creación. La tierra muestra diseño en la manera que ha sido creada, y por ende, esto demanda un diseñador, el cual es Dios (Salmo 19:1; Romanos 1:20).

4. La existencia de Dios se prueba por medio del argumento del cuerpo físico del ser humano. La manera compleja en la que el cuerpo humano ha sido creado prueba que existe un Dios inteligente (Génesis 2:7; Salmo 139:13-14).

5. La existencia de Dios puede ser probada por medio del argumento de la moral. La única manera de cómo el hombre puede saber lo que

es bueno y malo es por medio de Dios, el cual nos ha enseñado a todos por medio de Su Palabra y nos ha creado con la capacidad de razonar en cuanto a lo que es correcto y lo que no lo es. Ningún hombre sobre la faz de la tierra pudiera saber lo que es bueno y lo que no lo es si no fuera por Dios. Existe una ley suprema que transciende sobre toda provincia y cultura de este mundo, y esa ley es la de Dios.

LOS ATRIBUTOS DE DIOS

1. Dios es Omnipresente (1 Reyes 8:29; Salmo 139:7-12; Isaías 6:3; 66:1; Hechos 17:24-28;).
2. Dios es Omnipotente (Génesis 17:1; 18:14; Job 42:2; Isaías 26:4; Mateo 19:26; Lucas 1:37; Apocalipsis 21:22).
3. Dios es Omnisciente (Hebreos 4:13; Juan 2:24-25; 1 Corintios 2:10; 1 Corintios 1:20-25; Job 38:4-7; 8-11; 12-15, 16, 19, 22-23, 29-30, 3-33, 34-35, 17).
4. Dios es misericordioso (Lucas 6:36; Mateo 5:45; Isaías 55:7; Proverbios 28:13; Salmo 51:1; Nehemías 9:31; Salmo 32:10; Filipenses 2:27; Efesios 2:4).
5. Dios es paciente (Números 14:18; Éxodo 34:6; Nehemías 9:16-17; Hechos 13:18; Romanos 2:4; 1 Pedro 3:20; 2 Pedro 3:9; 2 Pedro 3:15).
6. Dios es eterno (Habacuc 1:12; Salmo 41:13; 90:2; 93:2; 102:24-27; Isaías 40:28; Isaías 44:6; 57:15; Romanos 16:26).
7. Dios es inmutable (Números 23:19; 1 Samuel 15:29; Salmo 102: 26-27; Malaquías 3:6; Hebreos

1:10-12; Hebreos 6:18; Tito 1:2; Santiago 1:17).

EL AMOR DE DIOS
1. Sofonías 3:17; 2 Corintios 13:11; Juan 3:16; 1 Juan 4:8; 4:16; 2 Corintios 13:14; 2 Tesalonicenses 3:5; Efesios 2:4).

LOS NOMBRES DE DIOS
1. **El Elyon**, "Dios Altísimo" Génesis 14:18.
2. **El Shaddai**, "Dios Todopoderoso" Génesis 17:1.
3. **El Olam**, "Dios Eterno" Génesis 21:33.
4. **Adonai Yahveh**, "Señor Dios" Génesis 15:2.
5. **Yahveh Yireh**, "El Señor Proveerá" Génesis 22:14.
6. **Yahveh Nissi**, "El Señor es mi Estandarte" Éxodo 17:15.
7. **Yahveh Shalom**, "El Señor es Paz" Jueces 6:24.
8. **Yahveh Sabaot**, "El Señor de los Ejércitos" 1 S. 1:3.
9. **Yahveh Maccaddeschem**, "El Señor que os santifico" Éxodo 31:13.
10. **Yahveh Raah**, "El Señor es mi Pastor" Sal. 23:1.
11. **Yahveh Tsidkenu**, "El Señor, justicia nuestra" Jeremías 23:6.
12. **Yahveh Elohim**, "El Señor Dios" Génesis 2:4.
13. **Teos**, "Dios" Mateo 1:23.
14. **Kurios**, "Señor" Romanos 9:29.
15. 15. **Pater**, "Padre" Juan 4:23.

LA DOCTRINA SOBRE LA DEIDAD DE CRISTO

"Pero sabemos que el Hijo de Dios ha venido, y n os ha dado entendimiento para conocer al que es verdadero; y estamos en el verdadero, en su Hijo. Este es el verdadero Dios, y la vida eterna" – 1 Juan 5:20

CRISTO EXISTÍA ANTES CON DIOS:

1. Cristo estaba con el Padre en el principio (Juan 1:1-2).
2. Cristo es antes de todas las cosas (Colosenses 1:17).
3. Cristo gozaba de la gloria del Padre antes que el mundo fuese (Juan 17:5).
4. Cristo era antes que Juan el Bautista, aunque Juan era 6 meses mayor que Jesús (Juan 1:15, 27, 30; Lucas 1:36).
5. Cristo ya existía antes que Abraham (Juan 8:58).

CRISTO ES IGUAL QUE DIOS EN ESENCIA Y NATURALEZA:

1. Dios era el Verbo (Juan 1:1).
2. Cristo y el Padre uno son en esencia y naturaleza (Juan 10:30).
3. Cristo es la imagen del Dios invisible (Colosenses 1:15).

4. Cristo es el resplandor de la gloria de Dios y la imagen misma de su sustancia (Hebreos 1:3).
5. Cristo existía en forma de Dios (Filipenses 2:6).

LAS SEÑALES DE CRISTO PRUEBAN SU DEIDAD:

1. Convirtió agua en jugo de uva (Juan 2:1-11).
2. Sanó al hijo de un noble (Juan 4:46-54).
3. Sanó a un paralítico (Juan 5:1-10).
4. Dio de comer a 5,000 varones (Juan 6:1-14).
5. Pudo caminar sobre el agua (Juan 6:15-21).
6. Recobró la vista a un ciego (Juan 9:1-41).
7. Resucitó a Lázaro (Juan 11:1-44).
8. Su propia resurrección (Juan 20).
9. La pesca milagrosa (Juan 21:1-14).
10. Sanó un leproso (Mateo 8:1-4).
11. Sanó la suegra de Pedro (Marcos 1:29-31).
12. Sanó un paralítico (Mateo 9:1-8).
13. Sanó una mano seca (Mateo 12:9-13).
14. Calmó la tempestad (Mateo 8:23-27).
15. Echó fuera demonios (Mateo 8:28-34).
16. Resucitó la hija de Jairo (Mateo 9:18, 19, 23-26).
17. Sanó la mujer que padecía de flujo de sangre (Marcos 5:25-34).
18. Restauró la vista de ciegos (Mateo 9:27-31).
19. Sanó un sordomudo (Marcos 7:31-37).
20. Sana diez leprosos (Lucas 17:11-19).
21. Restauró la oreja de Malco (Lucas 22:49-51).

LOS "YO SOY" DE CRISTO PRUEBAN SU DEIDAD:

1. Yo soy el Pan de vida (Juan 6:33, 35, 41).
2. Yo soy la Luz del mundo (Juan 8:12; 9:5)
3. Yo soy la Puerta (Juan 10:9).
4. Yo soy el Buen Pastor (Juan 10:11).
5. Yo soy la Resurrección y la vida (Juan 11:25).
6. Yo soy el Camino y la Verdad y la Vida (Juan 14:6).
7. Yo soy la Vid verdadera (Juan 15:1).

"YO SOY" ADICIONALES PRUEBAN SU DEIDAD.

1. Yo soy (el Mesías), el que habla contigo (Juan 4:25-26).
2. Yo soy, antes que Abraham (Juan 8:58).
3. Yo soy (Juan 8:24).
4. Yo soy (Juan 18:5-8).
5. Yo soy (Juan 18:37).

LOS TESTIGOS DE CRISTO PRUEBAN SU DEIDAD.

1. Testigo # 1: Juan el Bautista (Juan 5:33).
2. Testigo # 2: Las obras que Cristo hizo (Juan 5:36).
3. Testigo # 3: El Padre (Juan 5:37).
4. Testigo # 4: Las Escrituras (Juan 5:39-40).
5. Testigo # 5: Moisés (Juan 5:45-47).

LOS NOMBRES DE CRISTO PRUEBAN SU DEIDAD

1. Jesús (Mateo 1:21).
2. Jesucristo (Juan 1:17).

3. El Mesías (Juan 1:41; 4:25).
4. El Salvador (Juan 4:42; Lucas 2:11).
5. El Ungido (Lucas 2:26).
6. El Hijo de Dios (Juan 1:34).
7. El Verbo (Juan 1:1).
8. El Cristo (Mateo 16:16).
9. Emmanuel (Mateo 1:23).
10. Dios (1 Timoteo 3:16; Juan 1:1; Hebreos 1:18; Mateo 1:23).
11. El Creador (Colosenses 1:16; Juan 1:3).
12. Cordero de Dios (Juan 1:29).
13. La Vida (Juan 15:1, 5).
14. El Pan de Vida (Juan 6:35).
15. La Roca (1 Corintios 10:4).
16. Piedra Viva (1 Pedro 2:4).
17. Cabeza del Ángulo (1 Pedro 2:7).
18. Sumo Sacerdote (Hebreos 3:1).
19. El Mediador (1 Timoteo 2:5).
20. Intercesor (Hebreos 7:25).
21. Abogado (1 Juan 2:1).
22. El Buen Pastor (Juan 10:11).
23. La Puerta (Juan 10:9).
24. El Camino (Juan 14:6).
25. Señor de Paz (2 Tesalonicenses 3:16).
26. León de la Tribu de Judá (Apocalipsis 5:5).
27. El Testigo Fiel (Apocalipsis 1:5).
28. Fiel y Verdadero (Apocalipsis 19:11).
29. Obispo de las almas (1 Pedro 2:25).
30. Príncipe de los pastores (1 Pedro 5:4).
31. Estrella de la mañana (Apocalipsis 22:16).
32. Alfa y Omega (Apocalipsis 1:8).
33. Profeta (Hechos 3:22).

LA DOCTRINA SOBRE LA MUERTE DE CRISTO

LA MUERTE DE CRISTO EN EL ANTIGUO TESTAMENTO

1. Génesis 3:15, primera profecía sobre la muerte de Cristo.
2. Salmo 22:14-18, profecía sobre la muerte de Cristo.
3. Isaías 53:1-12, profecía sobre la muerte de Cristo.
4. Salmo 16:8-11, profecía mesiánica sobre la muerte y resurrección de Jesús.

LA MUERTE DE CRISTO EN EL NUEVO TESTAMENTO

1. Mateo 20:28, El Hijo del hombre vino para dar su vida en rescate por muchos.
2. Juan 3:16, Dios dio a Su único hijo para morir por los pecadores.
3. Romanos 5:8, Cristo murió por nosotros.
4. Filipenses 2:5-11, Cristo fue obediente hasta la muerte, y muerte de cruz.
5. Juan 12:32-33, Jesús iba a morir crucificado.
6. 1 Timoteo 2:6, Cristo dio su vida en rescate.
7. Hechos 2:22-36, Mataron a Cristo crucificándolo.

PROPÓSITOS DE LA MUERTE DE CRISTO

1. Mateo 1:21, Para salvar al pueblo de pecados.
2. Juan 1:29, Para quitar el pecado del mundo.
3. Juan 3:16; Romanos 5:8, Para mostrar el amor de Dios al mundo y para dar vida eterna.
4. Gálatas 4:4-5, Para redimir a los que estaban bajo la ley.
5. Efesios 2:13-16, Para reconciliar al hombre con Dios.
6. Colosenses 2:14, Para clavar la ley en la cruz.
7. Mateo 16:18, Para establecer la iglesia.
8. Gálatas 1:4, Para librarnos del presente siglo malo.
9. Romanos 4:25, Por nuestras transgresiones y para darnos justificación.
10. Isaías 53:1-12, Para cumplir con las profecías mesiánicas.
11. Hebreos 13:12, Para santificar al pueblo mediante su propia sangre.
12. 1 Juan 3:8, Para deshacer las obras del diablo.
13. Hebreos 2:14, Para destruir al diablo.

LOS PECADOS QUE CRUCIFICARON A JESÚS

1. Mateo 27:20, 24-25, El odio.
2. Hechos 3:14, La negación.
3. Juan 5:40, El rechazo.
4. Marcos 15:30-31, La mentira.
5. Mateo 27:17-18, La envidia.
6. Mateo 26:14-16, El egoísmo.
7. Juan 1:11, La incredulidad.
8. Marcos 15:11, Los celos.
9. Mateo 26:14-16, Amor al dinero.

FRASES QUE CRISTO PRONUNCIÓ DESDE LA CRUZ

1. Lucas 23:34, Padre, perdónalos, porque no saben lo que hacen.
2. Lucas 23:43, De cierto te digo que hoy estarás conmigo en el paraíso.
3. Lucas 23:46, Padre, en tus manos encomiendo mi espíritu.
4. Marcos 15:34, Eloi, Eloi, ¿lama sabactani? Dios mío, Dios mío, ¿Por qué me has desamparado?
5. Juan 19:26, Mujer, he ahí tu hijo.
6. Juan 19:27, He ahí tu madre.
7. Juan 19:28, Tengo sed.
8. Juan 19:30, Consumado es.

LA DOCTRINA SOBRE EL ESPÍRITU SANTO

"¿O ignoráis que vuestro cuerpo es templo del Espíritu Santo, el cual está en vosotros, el cual tenéis de Dios, y que no sois vuestros?" – 1 Corintios 6:19

EL ESPÍRITU SANTO
1. El Espíritu Santo es la tercera persona de la Deidad (Mateo 28:19).
2. La palabra "Espíritu" viene del griego ***pneuma***. El contexto del pasaje donde aparece esta palabra determinará el significado de esta palabra. La palabra espíritu se utiliza de diferentes maneras en el texto bíblico.
3. El Espíritu Santo es una persona, no un simple aire, fuerza o cosa.

CARACTERÍSTICAS DE LA PERSONA DEL ESPÍRITU SANTO:
1. El Espíritu Santo puede hablar (1 Timoteo 4:1; Juan 16:13; Hechos 8:29; 11:12).
2. El Espíritu Santo puede enseñar (Juan 14:26).
3. El Espíritu Santo puede dar testimonio (Juan 15:26).
4. El Espíritu Santo puede guiar (Juan 16:13).
5. El Espíritu Santo puede oír (Juan 16:13).
6. El Espíritu Santo puede prohibir (Hechos 16:6).
7. El Espíritu Santo puede revelar y escudriñar (1

23

Corintios 2:10; Efesios 3:3-5).

8. El Espíritu Santo puede invitar (Apocalipsis 22:17).
9. El Espíritu Santo puede ser entristecido (Efesios 4:30; 1 Tesalonicenses 5:19).
10. El Espíritu Santo puede ser resistido (Hechos 7:51).
11. El Espíritu Santo puede ser blasfemado (Hebreos 10:29; Mateo 12:31-32).
12. Se le puede mentir al Espíritu Santo (Hechos 5:3).
13. Fueron llenos del Espíritu Santo (Hechos 2:4).
14. El Espíritu les daba que hablasen (Hechos 2:4).

LA NATURALEZA DIVINA DEL ESPÍRITU SANTO:

1. El Espíritu Santo es eterno (Hebreos 9:14).
2. El Espíritu Santo es omnisciente (1 Corintios 2:10).
3. El Espíritu Santo es omnipotente (Lucas 1:35; 4:14; Hechos 1:8).

EL ESPÍRITU SANTO EN EL ANTIGUO TESTAMENTO:

1. Hicieron enojar al Espíritu Santo (Isaías 63:10-11).
2. No quites de mí tu Santo Espíritu (Salmo 51:11).
3. Derramaré de mi Espíritu (Joel 2:28-29).
4. El Espíritu de Jehová (1 Samuel 16:13).
5. Jehová y Su Espíritu (Isaías 48:16).
6. Mi Espíritu estará en medio de vosotros (Hageo 2:4-5).

7. El Espíritu de Dios me hizo (Job 33:4).

LOS NOMBRES DEL ESPÍRITU SANTO:
1. El Espíritu Santo (Hechos 1:8; Hebreos 2:4).
2. Espíritu (1 Corintios 2:10; Romanos 8:26).
3. Espíritu de Dios (1 Corintios 3:16; Efesios 4:30).
4. Espíritu de Verdad (Juan 15:26; 16:13).
5. Espíritu Eterno (Hebreos 9:14).
6. El Consolador (Juan 14:26).
7. El Espíritu de Cristo (Romanos 8:9).
8. El Espíritu del Señor (Isaías 11:2).
9. El Espíritu de gracia (Hebreos 10:29).
10. El Espíritu de Jehová (2 Samuel 23:2).

EL ESPÍRITU SANTO MORA EN EL CRISTIANO:
1. Vuestro cuerpo es templo del Espíritu Santo (1 Corintios 6:19-20).
2. El Espíritu Santo es dado a los que obedecen a Dios (Hechos 5:32).
3. El Espíritu Santo ha sido derramado en vuestros corazones (Romanos 5:5).
4. Sellados con el Espíritu Santo (Efesios 1:13-14).
5. Nos ha dado las arras del Espíritu Santo (2 Corintios 1:22).
6. Dios nos dio de Su Espíritu Santo (1 Tesalonicenses 4:8).
7. El Espíritu de Dios mora en vosotros (Romanos 8:9; Romanos 8:11; 1 Corintios 3:16; 2 Timoteo 1:14).
8. Hechos partícipes del Espíritu Santo (Hebreos 6:4).
9. Pondrá sobre ellos el Espíritu Santo (Ezequiel 36:27).

10. Morada de Dios en el Espíritu (Efesios 2:22).

LA OBRA DEL ESPÍRITU SANTO EN LA VIDA DEL CRISTIANO:

1. Gracias a la obra del Espíritu Santo ahora tenemos la Palabra de Dios completa (2 Pedro 1:20-21; Judas 3).
2. El Espíritu Santo nos consuela y nos instruye por medio de las Escrituras. En la Biblia aprendemos la voluntad de Dios (2 Pedro 1:3).
3. El Espíritu Santo provee un río de agua viva constante en la vida del cristiano (Juan 7:37-39; 6:63).
4. El Espíritu Santo nos guía por medio de la Palabra (Romanos 8:14). Nadie puede conocer la voluntad de Dios sin la Biblia.
5. El Espíritu Santo da testimonio a nuestro espíritu de que somos de Dios (Romanos 8:16).
6. El Espíritu Santo es nuestro sello para la final redención (Efesios 1:13-14; 4:30; 2 Corintios 1:22; 5:5).
7. El Espíritu Santo nos da de su espada para vencer al enemigo (Efesios 6:17; Mateo 4:4, 7, 10; Jeremías 23:29; Hebreos 4:12).
8. El Espíritu Santo nos ayuda en nuestras oraciones (Romanos 8:26).
9. El Espíritu Santo vivificará nuestros cuerpos mortales en el día final (Romanos 8:11).

LA DOCTRINA SOBRE LA RESURRECCIÓN DE CRISTO

"¿Por qué buscáis entre los muertos al que vive? No está aquí, sino que ha resucitado. Acordaos de lo que os habló, cuando aún estaba en Galilea"
– Lucas 24:5-6

LA RESURRECCIÓN DE CRISTO FUE PROFETIZADA.

1. Existe suficientes pruebas indubitables sobre la resurrección de Cristo (Hechos 1:3).
2. No dejarás mi alma en el Hades (Salmo 16:8-11).
3. David habló de la resurrección de Cristo (Salmo 16:10).
4. En tres días nos levantará (Oseas 6:2; Zacarías 12:10).

CRISTO HABLÓ DE SU RESURRECCIÓN.

1. Destruid este templo, y en tres días lo levantaré (Juan 2:19-22).
2. Él iba a sufrir, ser muerto y resucitar al tercer día (Mateo 16:21; Marcos 8:31).
3. Él dijo, "Yo soy la Resurrección y la vida" (Juan 11:25).
4. El Hijo del Hombre resucitará al tercer día (Mateo 17:22-23; Lucas 9:22).
5. Él dijo que iba a estar tres días y tres noches en

el corazón de la tierra (Mateo 12:38-40).

6. La gente se acordó que Él había dicho que iba a resucitar al tercer día (Mateo 27:62-63).

LOS APÓSTOLES PREDICARON DE LA RESURRECCIÓN.

1. El apóstol Pedro predicó de la resurrección (Hechos 2:22-40).
2. Daban testimonio de la resurrección del Señor Jesús (Hechos 4:33).
3. El Dios de nuestros padres levantó a Jesús (Hechos 4:30).
4. Pablo predicó de la resurrección de Cristo (1 Corintios 15).
5. A éste levantó Dios al tercer día (Hechos 10:40).
6. Mas Dios le levantó de los muertos (Hechos 13:30).
7. Resucitando a Jesús (Hechos 13:33).
8. Le levantó de los muertos para nunca más volver a corrupción (Hechos 13:34, 37).
9. Dando fe a todos con haberle levantado de los muertos (Hechos 17:31).
10. Fue declarado Hijo de Dios con poder por la resurrección de entre los muertos (Romanos 1:4).
11. Cristo resucitó de los muertos por la gloria del Padre (Romanos 6:4).
12. Jesús murió y resucitó (1 Tesalonicenses 4:14).
13. Argumentos lógicos de la resurrección de Cristo (1 Corintios 15:12-19).

PRUEBAS FIELES DE LA RESURRECCIÓN DE CRISTO.

1. Las profecías del Antiguo Testamento son pruebas de la resurrección de Cristo (Salmo 16:8-11).

2. El testimonio de los que presenciaron la resurrección es prueba también (1 Corintios 15:5-8; Mateo 28:1-10; Marcos 16:1-8; Lucas 24:1-35; Juan 20:1-29).

3. Muchos estuvieron dispuestos a morir por un Cristo resucitado (Hechos 7 — Esteban; Hechos 12 — Jacobo).

4. Muchos estuvieron dispuestos a sufrir por un Cristo resucitado (Hechos 7 — Esteban; Hechos 8 — La iglesia del primer siglo; Hechos 12 — Jacobo; Hechos 14 — Pablo apedreado en Listra; Hechos 16 — Pablo y Silas en la cárcel; etc.)

5. Un cambio de vida radical se llevó a cabo por causa de la resurrección de Cristo (Hechos 9, 22, 26 — Saulo de Tarso; Hechos 19 — Los que ejercían la magia).

6. Los guardias fueron testigos de la resurrección de Cristo (Mateo 28:11-15).

7. Los ancianos y el consejo reconocieron que Jesús había resucitado (Mateo 28:12-13).

8. No podían robarse el cuerpo de Cristo porque había guardias cuidando la tumba (Mateo 28:65-66).

9. Una gran piedra estaba en el sepulcro (Mateo 27:60).

10. El sepulcro fue asegurado de modo que los discípulos no pudieron haberse robado el cuerpo de Jesús (Mateo 27:64)

11. El sepulcro tenía un sello romano que no podía ser quitado (Mateo 27:66).

POR CAUSA DE LA RESURRECCIÓN DE CRISTO SE PREDICÓ SOBRE LA RESURRECCIÓN DE LOS MUERTOS.

1. Anunciaron que en Jesús se encontraba la resurrección de entre los muertos (Hechos 4:2).
2. A quien Dios ha resucitado de los muertos (Hechos 3:15).
3. Les predicaba el evangelio de Jesús, y de la resurrección (Hechos 17:18).
4. Somos justificados por la resurrección de Cristo (Romanos 4:25).
5. Dios resucita a los muertos (2 Corintios 1:9).
6. Los que hicieron lo bueno, saldrán a resurrección de vida y los que hicieron lo malo a resurrección de condenación (Juan 5:29).
7. Y juntamente con él nos resucitó (Efesios 2:6).
8. En el cual fuisteis resucitados con él en el bautismo (Colosenses 2:12).
9. Los muertos en Cristo resucitarán primero (1 Tesalonicenses 4:16).

LA DOCTRINA SOBRE EL PECADO

"Porque la paga del pecado es muerte, mas la dádiva de Dios es vida eterna en Cristo Jesús Señor nuestro" – *Romanos 6:23*

LO QUÉ ES EL PECADO
1. Transgresión en contra de la ley de Dios (1 Juan 3:5).
2. Toda injusticia (1 Juan 5:17).
3. Saber hacer lo bueno y no hacerlo (Santiago 4:17).
4. Todo lo que no proviene de fe (Romanos 14:23).
5. El pensamiento del necio (Proverbios 24:9).

LAS CONSECUENCIAS DEL PECADO
1. Separación de Dios (Isaías 59:1-2; Génesis 3:23-24).
2. Esclavitud espiritual (Juan 8:34; Romanos 6:16).
3. Muerte espiritual (Romanos 6:23; Apocalipsis 21:8, 27).
4. Impide que las oraciones sean escuchadas (1 Pedro 3:7; 1 Pedro 3:12; Proverbios 28:9).
5. Produce muerte física y espiritual (Hechos 5:1-11; Levítico 10:1-2).
6. Sus consecuencias te alcanzan (Números 32:23).

ALGUNAS PRÁCTICAS PECAMINOSAS

1. Desobediencia a la voluntad de Dios (Génesis 3).
2. La mentira (Josué 7; Efesios 4:25; Colosenses 3:9; Proverbios 12:22).
3. Fornicación (1 Tesalonicenses 4:3).
4. Cobardes, incrédulos, abominables, homicidas, fornicarios, hechiceros, idólatras, mentirosos (Apocalipsis 21:8).
5. Adulterio, fornicación, inmundicia, lascivia, idolatría, hechicerías, celos, enemistades, pleitos, iras, contiendas, disensiones, herejías, envidias, homicidios, borracheras, orgías (Gálatas 5:19-20).
6. Hipocresía (Gálatas 2:11-14).
7. Palabras deshonestas, necedades, truhanerías (Efesios 5:3-4; Mateo 12:36-37).
8. Robarle a los padres (Proverbios 28:24).
9. Ojos altivos, lengua mentirosa, manos derramadoras de sangre inocente, corazón que maquina pensamientos inicuos, pies presurosos para correr al mal, testigo falso que habla mentiras, el que siembra discordias (Proverbios 6:16-19).

LA SOLUCIÓN AL PROBLEMA DEL PECADO

1. Jesús es la solución al problema del pecado (Juan 1:29; Mateo 1:21; 1 Timoteo 1:15; Juan 8:32-35).
2. Jesús tiene la autoridad para perdonar pecados (Marcos 2:10).
3. El perdón de pecados para los no cristianos viene por medio del bautismo bíblico (Hechos

2:38; 22:16).

4. El arrepentimiento produce perdón (Lucas 13:3, 5; Hechos 3:19).
5. El cristiano debe alejarse de las prácticas pecaminosas (Santiago 1:27).
6. El cristiano recibe perdón de pecados por medio de la oración (Hechos 8:22; 1 Juan 1:7-9).

INFORMACIÓN ADICIONAL SOBRE LA DOCTRINA DEL PECADO

1. Las consecuencias del pecado te alcanzarán cuando lo practicas (Números 23:32).
2. El cristiano está propenso a pecar contra Dios (1 Juan 2:1-2).
3. Todo el mundo está en pecado, es decir, los que no han obedecido el evangelio (Romanos 3:9-10, 23).
4. Cristo fue el único que nunca pecó (Juan 8:46; 1 Juan 3:5; 2 Corintios 5:21; Hebreos 4:15).
5. El bautismo de Jesús no fue para perdón de pecados, sino para cumplir toda justicia (Mateo 3:15; Lucas 7:29-30).

LA DOCTRINA SOBRE LA ORACIÓN

"Clama a mí, y yo te responderé, y te enseñaré cosas grandes y ocultas que tú no conoces" – Jeremías 33:3

LO QUÉ ES LA ORACIÓN
1. Viene de la palabra griega ***proseúcomai*** lo cual significa hablarle a, o hacer una petición a Dios.

QUIÉN DEBE ORAR
1. El apóstol Pablo enseña que los hombres santos deben orar en todo lugar (1 Timoteo 2:8).
2. Los hermanos deben orar los unos por los otros (Efesios 6:18).
3. La iglesia debe orar por los que están en necesidad (Hechos 12:5, 12).
4. Dios no escucha o responde la oración de los pecadores (Juan 9:31; Isaías 59:1-2; Proverbios 15:29; 28:9; Isaías 1:15; Zacarías 7:13).

CUÁNDO DEBEMOS ORAR
1. La Biblia enseña que debemos orar en todo tiempo (1 Tesalonicenses 5:17; Colosenses 4:2; Romanos 12:12).
2. Debemos orar cuando estamos solos (Marcos 1:35; Mateo 14:23).
3. Debemos orar aun cuando estamos en

momentos difíciles (Hechos 16:25; Santiago 5:13; Jeremías 33:3; Daniel 6:10; Jonás 2:1-9).

4. Debemos orar cuando estamos faltos de sabiduría y necesitamos pedirla a Dios (Santiago 1:5-6).

POR QUÉ DEBEMOS ORAR

1. El verbo *"proseúcomai"* se encuentra en el tiempo presente lo cual denota una acción continua. También se encuentra en el modo imperativo lo cual denota un mandamiento a seguir (1 Tesalonicenses 5:17; Filipenses 4:6). Debemos orar, entonces, porque es un mandamiento divino.

2. Oramos para que los hermanos no hagan ninguna cosa mala (2 Corintios 13:7).

3. Debemos orar para santificar a Dios; dar gracias por el reino que ya está en existencia; pedir que se haga la voluntad de Dios; por el pan nuestro de cada día; por el perdón de nuestros pecados; y para que Dios nos libre del mal (Mateo 6:9-15).

4. Debemos orar porque la oración eficaz del justo puede mucho (Santiago 5:15-16).

5. Debemos orar por los evangelistas que predican la Palabra (Efesios 6:19-20; Colosenses 4:3; 1 Tesalonicenses 3:10-11; Hebreos 13:18).

6. Debemos orar por la perfección/madurez de los hermanos en Cristo (2 Corintios 13:9).

7. Debemos orar para que Dios nos dé fuerzas para seguir predicando Su Palabra (Hechos 4:29).

8. Debemos orar por nuestros hermanos que

están en necesidad (Hechos 12:5, 12).

9. Debemos orar por el evangelismo personal de los cristianos (Mateo 9:35-38; Lucas 10:2).

10. Debemos orar porque sabemos que recibiremos lo que pedimos, si hacemos la voluntad de Dios (1 Juan 3:22; 5:14-15).

11. Debemos orar para no entrar en tentación (Mateo 26:41; Lucas 21:36).

12. Debemos orar para echar toda nuestra ansiedad sobre Dios (1 Pedro 5:6-7).

13. Debemos orar para que Dios nos libre del mal (Mateo 6:13).

14. Debemos orar para confesar nuestro pecado a Dios (Salmo 32:5-7).

15. Debemos orar por nuestros hermanos para que Dios los libre del mal (Lucas 22:32).

16. Debemos orar por todos los hombres, reyes, presidentes y los que están en autoridad (1 Timoteo 2:1-3).

17. Debemos orar para dar a conocer a Dios nuestras peticiones y preocupaciones (Filipenses 4:6).

18. Debemos orar porque la iglesia del primer siglo, Cristo, los apóstoles lo hicieron (Hechos 2:42; Marcos 1:35; Juan 17; Hechos 1:14; 3:1; 4:23-31; 6:4; 13:1-3).

19. Debemos orar por el crecimiento espiritual de nuestros hermanos en Cristo (Filipenses 1:9-11).

20. Debemos orar para que el Señor abra puertas a los predicadores (Colosenses 4:3-4).

CÓMO DEBEMOS ORAR

1. Debemos orar con persistencia (Mateo 7:7; Lucas 18:1-8; 1 Tesalonicenses 5:17).
2. Debemos orar con humildad (Lucas 18:9-14).
3. Debemos orar y pedir peticiones especificas (Mateo 6:9-15; Efesios 6:19-20; Colosenses 4:3; Filipenses 4:6).
4. Debemos orar viviendo una vida fiel a Dios (1 Timoteo 2:8).
5. Debemos orar conforme a la voluntad de Dios y conforme a la enseñanza del Nuevo Testamento.
6. Debemos orar confiadamente (Hebreos 4:16).
7. Debemos orar con toda oración y ruego, y con acción de gracias (Filipenses 4:6).
8. Debemos orar con toda oración y suplica en el Espíritu y velando en ello con toda perseverancia (Efesios 6:18).
9. Debemos orar sin desmayar (Lucas 18:1).
10. Debemos orar incluyendo los ingredientes esenciales (Mateo 6:9-15).
11. Debemos orar sin hacer vanas repeticiones (Mateo 6:7).
12. Debemos orar con fe (Santiago 1:5-6).

A QUIÉN DEBEMOS ORAR

1. La Biblia enseña claramente que las oraciones deben ser dirigidas al Padre, en el nombre del Señor Jesús (Juan 14:13-14; Juan 16:23).
2. No hay autoridad bíblica para orar a Jesús o al Espíritu Santo.
3. El Espíritu Santo nos ayuda en nuestras oraciones (Romanos 8:26).

4. La oración debe ser dirigida al Padre (Mateo 6:9-15; Juan 17:1, 5, 11, 21, 24; Efesios 5:20).

LAS ORACIONES DE JESÚS

1. Mateo 6:5-13 – La oración modelo.
2. Lucas 18:1-8 – La parábola de la oración persistente.
3. Lucas 6:12-13 – La oración de Jesús antes de seleccionar a Sus apóstoles.
4. Marcos 1:35 – La oración de Jesús en un lugar desierto y mientras todavía estaba oscuro.
5. Juan 17:1-26 – La oración de Jesús donde intercede por nosotros y por el mundo.
6. Mateo 26:36-46; Lucas 22:41-44 – La oración de Jesús en Getsemaní.
7. Mateo 11:25-26 – Oración de Jesús donde alaba al Padre.
8. Mateo 14:23 – Oración de Jesús en un monte, aparte y de noche.
9. Lucas 22:32 – Oración de Jesús por Pedro para que Dios lo libre del mal.
10. Lucas 23:34 – Oración por Jesús para que Dios perdone a los que lo mataron.
11. Juan 11:41-42 – Oración de Jesús donde agradece al Padre.
12. Juan 12:27-28 – Oración de Jesús donde glorifica al Padre.
13. Lucas 11:1-13 – Oración de Jesús donde uno de sus discípulos le pide que les enseñe cómo orar.
14. Lucas 9:28 – Oración de Jesús donde llevó con él a Pedro, Juan y Jacobo.
15. Lucas 5:16 – Oración de Jesús mientras estaba

solo.

16. Juan 6:11; Mateo 14:13-21; Marcos 6:30-44; Lucas 9:10-17; Mateo 15:32-38 – Oración de agradecimiento por los alimentos.

LA DOCTRINA SOBRE EL EVANGELIO DE CRISTO

"Porque no me avergüenzo del evangelio, porque es poder de Dios para salvación a todo aquel que cree; al judío primeramente, y también al griego"
– Romanos 1:16

QUÉ ES EL EVANGELIO DE CRISTO
1. El mensaje que Cristo envió a sus discípulos a predicar por todo el mundo (Marcos 16:15).
2. El poder de Dios para salvación (Romanos 1:16).
3. El medio por el cual la justicia de Dios se revela al hombre (Romanos 1:17).
4. El mensaje que si no se obedece, produce castigo eterno (2 Tesalonicenses 1:7-9).
5. Muerte, sepultura y resurrección de Cristo (1 Corintios 15:1-4).

PREDICACIÓN DEL EVANGELIO DE CRISTO
1. Cristo mandó que su evangelio fuese predicado (Marcos 16:15-16; Mateo 28:18-20; Lucas 24:46-49).
2. Pedro predicó por primera vez el evangelio de Cristo en el día de Pentecostés (Hechos 2:22-41).
3. El evangelio se predicaba todos los días en el templo y por las casas (Hechos 5:42).
4. El evangelio se le predicaba a los sacerdotes

(Hechos 6:7).

5. El evangelio de le predicó a los residentes de Samaria (Hechos 8).

6. El evangelio se le predicó a un Etíope Eunuco (Hechos 8:26-39).

7. El evangelio se le predicó a aquellos que perseguían la iglesia (Hechos 9, 22, 26).

8. El evangelio se le predicó a los gentiles (Hechos 10).

9. El evangelio se le predicó a mujeres (Hechos 16:14-15).

10. El evangelio se predicó en Jerusalén, Judea, Samaria y hasta lo último de la tierra (Hechos 1:8).

11. El evangelio se predicó en la ciudad de Filipos (Hechos 16).

12. El evangelio se predicó en la ciudad de Corinto (Hechos 18).

13. El evangelio se predicó en la ciudad de Efeso (Hechos 19).

BENDICIONES QUE EL EVANGELIO DE CRISTO PRODUCE

1. El evangelio cuando se obedece produce perdón de pecados (Hechos 2:38; 22:16; Efesios 1:7; Colosenses 1:14).

2. Produce salvación (Marcos 16:16).

3. Evita el castigo eterno (2 Tesalonicenses 1:7-9).

4. Reconcilia al hombre con Dios (Efesios 2:13-16).

5. Resucita a los que están muertos en delitos y pecados (Efesios 2:1-10).

6. Da vida eterna (Juan 3:16; 1 Juan 5:11; Tito 1:2).

7. Da gozo a la vida del que obedece (Hechos

8:39; Hechos 16:34).

EJEMPLOS DE AQUELLOS QUE OBEDECIERON EL EVANGELIO

1. Los judíos en el día de Pentecostés (Hechos 2:22-47).
2. Los residentes de Samaria (Hechos 8:12-25).
3. Simón el mago (Hechos 8:3).
4. El Etíope Eunuco (Hechos 8:26-39).
5. Saulo de Tarso (Hechos 9, 22, 26).
6. Cornelio y su casa (Hechos 10).
7. Lidia (Hechos 16:11-15).
8. El carcelero de Filipos (Hechos 16:25-34).
9. Los residentes de Corinto (Hechos 18:1-8).
10. Los discípulos de Juan el Bautista (Hechos 19:1-7).

CONSECUENCIAS DE NO OBEDECER EL EVANGELIO

1. Castigo eterno y excluidos de la presencia del Señor por la eternidad (2 Tesalonicenses 1:7-9).
2. No podrá recibir el perdón de los pecados (Hechos 2:38; 22:16; Efesios 1:7; Colosenses 1:14).
3. No podrá ser reconciliado con Dios (Efesios 2:13-16; Colosenses 1:20-22; Romanos 5:10).
4. No recibirá el don del Espíritu Santo (Efesios 1:13-14; Hechos 2:38; 5:32; 1 Corintios 6:19-20).
5. No podrá tener la esperanza de vida eterna que se encuentra en Cristo (Juan 11:25-26; 1 Juan 5:11; Tito 1:2).
6. No podrá gozar el ser miembro de la familia de Dios (Efesios 2:19).

7. No podrá ser hijo de Dios (Juan 1:11-13).
8. No podrá gozar de todas bendiciones que se encuentran en Cristo Jesús (Efesios 1:3).
9. No podrá tener vida (Efesios 2:1-4).
10. No podrá ser trasladado al cuerpo de Cristo (Hechos 2:47; Gálatas 3:27; 1 Corintios 12:13).
11. No podrá formar parte del reino de Cristo (Colosenses 1:13).
12. No podrá formar parte de los que han sido escogidos desde antes de la fundación del mundo (Efesios 1:4).
13. No podrá ser salvo (Mateo 7:21-23; Hebreos 5:8-9).

EL EVANGELIO Y EL CRISTIANO

1. El cristiano debe vivir como es digno del evangelio (Filipenses 1:27; Efesios 4:1; 1 Tesalonicenses 4:1; Tito 2:10; 2 Pedro 1:4-9).
2. Debemos defender el evangelio (Filipenses 1:17).
3. Debemos servir en el evangelio (Romanos 1:9).
4. Debemos predicar el evangelio (Marcos 16:15; Mateo 28:18-20).
5. Debemos de no avergonzarnos de predicar el evangelio (Romanos 1:16).

EL EVANGELIO Y SUS SINÓNIMOS

1. El evangelio de Dios (Romanos 1:1)
2. El evangelio de Su Hijo (Romanos 1:9).
3. El evangelio de Dios (1 Tesalonicenses 2:8).
4. El evangelio de Cristo (2 Corintios 2:12).
5. El evangelio de la gracia de Dios (Hechos 20:24).

6. El evangelio de vuestra salvación (Efesios 1:13).
7. El evangelio de la gloria de Cristo (2 Corintios 4:4).

LA DOCTRINA SOBRE LA MUERTE

"Y de la manera que está establecido para los hombres que mueran una sola vez, y después de esto el juicio" – Hebreos 9:27

LO QUÉ LA MUERTE ES
1. El espíritu se separa del cuerpo (Santiago 2:26).
2. Abandono del cuerpo (2 Pedro 1:14).
3. Partir y estar con Cristo para los fieles (Filipenses 1:23).
4. Para el cristiano fiel es el tiempo de ser sacrificado (2 Timoteo 4:6).

LA MUERTE FÍSICA
1. La muerte física es cuando la persona deja de existir en un cuerpo físico (Santiago 2:26).
2. Esteban fue apedreado a muerte (Hechos 7).
3. Jacobo fue muerto a espada (Hechos 12:1ss).
4. Lázaro murió por un tiempo (Juan 11).
5. Cristo murió físicamente, pero resucitó al tercer día (Juan 18-19; 1 Corintios 15:3-4).

LA MUERTE ESPIRITUAL
1. La muerte espiritual viene por causa del pecado (Efesios 2:1-4).
2. La paga del pecado es muerte espiritual, pero también puede ser física (Romanos 6:23).
3. El que se entrega a los placeres, aunque

parezca vivo, está muerto (1 Timoteo 5:6).

INFORMACIÓN ADICIONAL SOBRE LA MUERTE

1. Los que mueren en Cristo van a un lugar mejor (Lucas 16:22).
2. Los que mueren en Cristo son bienaventurados (Apocalipsis 14:13).
3. Solamente dos personas no vieron la muerte (Enoc, Génesis 5 y Elías, 2 Reyes 2:1-12).
4. La muerte física es descrita como un dormir (Juan 11:11-16; Hechos 7:60; Mateo 27:52; Marcos 5:39).
5. Los que mueren sin Cristo no tienen esperanza (1 Tesalonicenses 4:13-18).
6. Está establecido para los hombres que mueran una vez y después el juicio (Hebreos 9:27).
7. El hombre puede morir en cualquier momento (Santiago 4:14).
8. Después de la muerte solamente hay dos lugares donde la persona va: El lugar de tormento (Lucas 16:22-26) y el seno de Abraham (Lucas 16:22).

LA DOCTRINA SOBRE EL BAUTISMO EN AGUA

"Juan bautizaba también en Enón, junto a Salim, porque había allí muchas aguas; y venían, y eran bautizados" –
Juan 3:23

EL BAUTISMO EN AGUA ES UN MANDAMIENTO DIVINO POR PARTE DEL HIJO DE DIOS

1. Jesús dio este mandamiento para que sus apóstoles bautizaran (Marcos 16:15-16).
2. Jesús dio la orden de hacer discípulos y bautizarles en agua (Mateo 28:18-20).
3. Jesús dijo que si no nace de agua y del Espíritu no puedes ver o entrar en el reino de Dios (Juan 3:3, 5).
4. El bautismo que Jesús ordenó no debe ser comparado con el bautismo de Juan el Bautista. Ambos bautismos son diferentes. El de Cristo es el de la Gran Comisión (Marcos 16:16), y el "un" bautismo de Efesios 4:4.

EL BAUTISMO DEBE SER CON MUCHA AGUA

1. La palabra "bautismo" viene del griego **baptisma**, lo cual significa sumergir, inmersión. Esta palabra no significa rociar (gr. rhantizo) o derramar (gr. cheo). Esta palabra siempre significa inmersión, sumergir.
2. Juan 3:23 — Juan bautizaba en Enon cerca de

Salim porque ahí había mucha agua.

3. Hechos 8:35-39 — Felipe y el Etíope eunuco descendieron al agua para que el eunuco fuese sumergido.

4. Se requiere de mucha agua para sepultar espiritualmente a la persona que se bautiza (Romanos 6:3-4; Colosenses 2:12).

LOS PROPÓSITOS DEL BAUTISMO EN AGUA

1. El bautismo es para ser salvo (Marcos 16:16; 1 Pedro 3:21; Tito 3:5).

2. El bautismo es para obtener el perdón de pecados (Hechos 2:38; 3:19; 22:16).

3. El bautismo es para ser añadido a la iglesia de Cristo (Hechos 2:47).

4. El bautismo es para ser añadido a Cristo, es decir, al cuerpo de Cristo, que es Su iglesia (Gálatas 3:27; Efesios 1:22-23; 5:23; 1 Corintios 12:13).

5. El bautismo es para ser reconciliado con Dios (Efesios 2:13-16).

6. El bautismo es para revestirnos de Cristo (Gálatas 3:27).

7. El bautismo es para morir al pecado (Romanos 6:3-4).

8. El bautismo es para poder resucitar con Cristo/andar en vida nueva (Romanos 6:4; 2 Corintios 5:17).

9. El bautismo es para lavar nuestros pecados (Hechos 22:16).

10. El bautismo es para tener una limpia conciencia (1 Pedro 3:21).

11. El bautismo nos pone en Cristo donde está la

esperanza de vida eterna (Gálatas 3:27; Colosenses 1:27; Tito 1:2; 1 Juan 5:11).

LOS QUE DEBEN SER BAUTIZADOS

1. Personas que entienden perfectamente su condición espiritual (Hechos 2:36-37; 8:13; 8:35-39; 16:14-15).
2. Personas que han violado la ley de Dios y son culpables de pecado (1 Juan 3:4; Hechos 2:36-41).
3. Los bebes no son culpables de pecado, ni nacen en pecado (1 Juan 3:4; Ezequiel 18:4, 20; Deuteronomio 1:39).

EJEMPLOS DE PERSONAS QUE FUERON BAUTIZADAS

1. Los judíos en el día de Pentecostés (Hechos 2:22-41).
2. Sacerdotes (Hechos 6:7).
3. Muchos de los residentes de Samaria (Hechos 8:12).
4. Simón el que ejercía la magia (Hechos 8:13).
5. El Etíope eunuco (Hechos 8:26-39).
6. Saulo de Tarso (Hechos 9, 22, 26).
7. Cornelio y su casa (Hechos 10).
8. Lidia, la vendedora de púrpura (Hechos 16:14-15).
9. El carcelero de Filipos (Hechos 16:26-34).
10. Algunos residentes de Corinto (Hechos 18:8).

LA DOCTRINA SOBRE EL REINO DE CRISTO

"También les dijo: De cierto os digo que hay algunos de los que están aquí, que no gustaran la muerte hasta que hayan visto el reino de Dios venido con poder" – Marcos 9:1

EL REINO EN PROFECÍA
1. Dios iba a afirmar el reino de Su Hijo (2 Samuel 7:12).
2. El reino de Cristo fue profetizado desde tiempos antiguos (Daniel 2:31-45).
3. El reino fue profetizado por Cristo antes de su establecimiento (Marcos 9:1; Mateo 16:18-19; Lucas 9:27).

EL REINO EN PREPARACIÓN
1. Cristo predicó el evangelio del reino de Dios (Mateo 4:23; Marcos 1:14-15).
2. Los apóstoles predicaron sobre el reino (Mateo 10:1-7).
3. Los 70 discípulos predicaron sobre el reino (Lucas 10:1-9).
4. Juan el Bautista predicó sobre el reino (Mateo 3:1-3).

EL REINO YA ESTABLECIDO
1. El reino/iglesia fue establecido en el día de Pentecostés (Marcos 9:1; Hechos 2:1-4, 47).
2. Los santos en Colosas ya habían sido

trasladados al reino (Colosenses 1:13).

3. El apóstol Juan ya estaba en el reino (Apocalipsis 1:9).

4. Los cristianos fueron llamados al reino (1 Tesalonicenses 2:12).

LA DOCTRINA SOBRE LA SEGUNDA VENIDA DE CRISTO

"Por tanto, también vosotros estad preparados; porque el Hijo del Hombre vendrá a la hora que no pensáis" – Mateo 24:44

LA SEGUNDA VENIDA DE CRISTO ES UNA REALIDAD

1. Jesús lo prometió (Mateo 24:36, 44; 25:1-10; Juan 14:1-3).
2. Los ángeles lo prometieron (Hechos 1:9-11).
3. El apóstol Pablo lo predicó (2 Corintios 5:1-2; Filipenses 3:20; 1 Tesalonicenses 4:13-18).
4. El apóstol Pedro anunció su venida (2 Pedro 3:1-13).

EL CUÁNDO DE SU VENIDA

1. La Biblia en ninguna parte revela cuándo Cristo vendrá (Mateo 24:36, 44).
2. La Biblia revela que Cristo vendrá como ladrón en la noche, es decir, vendrá cuando menos lo pensemos (1 Tesalonicenses 5:1-2; 2 Pedro 3:10-13).

LO QUÉ PASARÁ CUANDO CRISTO VENGA

1. El juicio final se llevará a cabo (Hebreos 9:27; Mateo 25:32-33; 2 Corintios 5:10; 2 Timoteo 4:1).
2. Dios ha establecido un día en el cual juzgará al

mundo con justicia (Hechos 17:31).

3. Cuando Cristo venga el mundo será destruido (2 Pedro 3:8-13).

4. Cuando Cristo venga entregará el reino al Padre (1 Corintios 15:24).

5. Cuando Cristo venga transformará nuestros cuerpos para que podamos entrar al cielo (Filipenses 3:21; 1 Corintios 15:51-54).

6. Cuando Cristo venga se llevará a cabo la resurrección de entre los muertos (1 Tesalonicenses 4:13-18; Juan 5:28-29).

LA PREPARACIÓN ADECUADA EL HOMBRE PARA SU VENIDA

1. El hombre debe obedecer el evangelio de Cristo para estar listo para la venida del Hijo de Dios (1 Pedro 4:17; 2 Tesalonicenses 1:7-9)

2. Para obedecer el evangelio, el hombre debe...

   a. Oir el evangelio (Romanos 10:17).

   b. Creer en el evangelio (Hechos 8:12-13; 18:8).

   c. Arrepentirse de sus pecados (Hechos 2:38; 3:19; 17:30).

   d. Confesar a Cristo como el Hijo de Dios (Mateo 10:32-33; Romanos 10:9-10).

   e. Ser sumergido en agua para perdón de pecados (Hechos 2:38; 22:16; Marcos 16:16; 1 Pedro 3:21).

   f. Vivir una vida fiel a los mandamientos de Dios (Apocalipsis 2:10; 1 Corintios 15:58; Filipenses 2:12).

3. El cristiano debe velar y orar para no caer y perder su vida eterna (Mateo 26:41; 1 Pedro

5:8).

4. El cristiano debe permanecer en Cristo (1 Juan 2:28).

5. El cristiano debe hacer la voluntad de Dios para entrar al cielo (Mateo 7:21-23; Hechos 14:22).

LA DOCTRINA SOBRE EL EVANGELISMO PERSONAL

"Y les dijo Jesús: Venid en pos de mí, y haré que seáis pescadores de hombres" – Marcos 1:17

CRISTO DESEA QUE SU EVANGELIO SEA PREDICADO A TODO EL MUNDO

1. Nos ha dado la Gran Comisión de ir por todo el mundo (Marcos 16:15-16).
2. Nos ha dado la orden de hacer discípulos de todas las naciones (Mateo 28:18-20).
3. Nos ha dicho que somos pescadores de hombres (Mateo 4:19; Marcos 1:17; Lucas 5:10).
4. Nos ha dicho que prediquemos el arrepentimiento para perdón de pecados (Lucas 24:46-47).
5. Cristo quiso que el evangelio se predicase en Jerusalén, en Judea, en Samaria y hasta lo último de la tierra (Hechos 1:8).

LA IGLESIA DEL PRIMER SIGLO PREDICÓ EL EVANGELIO DE CRISTO

1. Los apóstoles predicaron el evangelio (Hechos 2:22-40).
2. El apóstol Pedro predicó el evangelio en Jerusalén (Hechos 3-5).
3. Los apóstoles habían llenado toda Jerusalén con el evangelio (Hechos 5:28).

4. Esteban predicó el evangelio (Hechos 7).
5. La iglesia del primer siglo predicó aun en medio de la persecución (Hechos 8:1-4).
6. Pablo había llenado todos los lugares con el evangelio (Romanos 15:19).
7. El evangelio se predicó en toda la creación debajo del sol (Colosenses 1:23).

POR CAUSA DE LA PREDICACIÓN DEL EVANGELIO Y EL ESFUERZO DE LA IGLESIA SE LOGRÓ EL CRECIMIENTO DESEADO.

1. Hechos 2:41 — Como tres mil personas.
2. Hechos 4:4 –Como cinco mil varones.
3. Hechos 5:14 — Los que creían en el Señor aumentaban más, gran número así de hombres como de mujeres.
4. Hechos 5:28 — Habían llenado toda Jerusalén con la doctrina.
5. Hechos 6:7 — La Palabra del Señor crecía y el número de los discípulos se multiplicaba, y aun sacerdotes obedecían a la fe.
6. Hechos 8:12 — Se bautizaban hombres y mujeres.
7. Hechos 11:24 — Una gran multitud fue agregada al Señor.
8. Hechos 12:24 — La Palabra del Señor crecía y se multiplicaba.
9. Hechos 14:1 — Una gran multitud de judíos y asimismo griegos obedecieron.
10. Hechos 16:5 — Las iglesias eran confirmadas en la fe, y aumentaban en número cada día.
11. Hechos 17:6 — Habían trastornado el mundo entero con el evangelio.

12. Hechos 19:20 — Así crecía y prevalecía poderosamente la palabra del Señor.

LA DOCTRINA SOBRE LAS RESPONSABILIDADES DEL CRISTIANO

"Así que, hermanos míos amados, estad firmes y constantes, creciendo en la obra del Señor siempre, sabiendo que vuestro trabajo en el Señor no es en vano" – 1 Corintios 15:58

LA PALABRA "CRISTIANO" APARECE TRES VECES EN EL NUEVO TESTAMENTO.

1. Hechos 11:26 — A los discípulos se les llamó cristianos por primera vez en Antioquía.
2. Hechos 26:28 — Por poco me persuades a ser cristiano.
3. 1 Pedro 4:16 — Si alguno sufre como cristiano no se avergüence, sino glorifique a Dios.

DIOS HA DADO RESPONSABILIDADES AL CRISTIANO

1. El cristiano tiene la responsabilidad de hacer discípulos y predicar el evangelio (Mateo 28:18-20; Marcos 16:15-16).
2. El cristiano tiene la responsabilidad de orar sin cesar (1 Tesalonicenses 5:17; Mateo 26:41; Romanos 12:12; Colosenses 4:2).
3. El cristiano tiene la responsabilidad de estar dispuesto a sufrir por Cristo (Mateo 5:10-12; Filipenses 1:29).

4. El cristiano tiene la responsabilidad de amar a sus hermanos en Cristo (Juan 13:34-35; Filipenses 2:1-4; Romanos 12:9; Colosenses 3:13).

5. El cristiano tiene la responsabilidad de amar a sus enemigos (Lucas 6:27-36; Mateo 5:43-48).

6. El cristiano tiene la responsabilidad de vivir una vida santa delante de Dios (Efesios 1:4; 1 Pedro 1:13-16; 1 Pedro 2:11; Hebreos 12:14; Romanos 13:14; Gálatas 5:16; 2 Pedro 3:10-13).

7. El cristiano tiene la responsabilidad de prepararse para la segunda venida de Cristo (Mateo 24:44).

8. El cristiano tiene la responsabilidad de cuidar de las viudas y los huérfanos (Santiago 1:26-27).

9. El cristiano tiene la responsabilidad de no hablar malas palabras (Efesios 4:25, 28; Colosenses 3:9).

10. El cristiano casado tiene la responsabilidad de amar a su conyugue (Efesios 5:21-33).

11. El cristiano tiene la responsabilidad de seguir los pasos de Jesús (1 Pedro 2:21-22; 1 Corintios 11:1).

12. El cristiano tiene la responsabilidad de imitar los buenos ejemplos (3 Juan 11; 1 Corintios 4:16; 11:1; Filipenses 3:17).

13. El cristiano tiene la responsabilidad de reconocer a los que trabajan entre ustedes y que los tengan en mucha estima y amor por causa de su obra (1 Tesalonicenses 5:12).

14. El cristiano tiene la responsabilidad de estudiar la Palabra de Dios (2 Timoteo 2:15; Colosenses

3:15-16; 2 Pedro 3:18; 1 Pedro 2:1-2).

15. El cristiano tiene la responsabilidad de sujetarse a los ancianos (Hebreos 13:17).

16. El cristiano tiene la responsabilidad de practicar la hospitalidad (Hebreos 13:1-2).

17. El cristiano tiene la responsabilidad de tener costumbres sin avaricia (Hebreos 13:5).

18. El cristiano tiene la responsabilidad de ocuparse en su salvación con temor y temblor (Filipenses 2:12; Apocalipsis 2:10).

19. El cristiano tiene la responsabilidad de crecer en la obra del Señor (1 Corintios 15:58).

20. El cristiano tiene la responsabilidad de ser sobrio y velad (1 Pedro 5:8).

21. El cristiano tiene la responsabilidad de confesarse las ofensas el uno al otro y orar por los unos por los otros (Santiago 5:16; Efesios 6:18).

22. El cristiano tiene la responsabilidad de orar por los reyes y los que están en autoridad (1 Timoteo 2:1-4).

23. El cristiano tiene la responsabilidad de orar por los evangelistas (Colosenses 4:3; Efesios 6:19-20).

24. El cristiano tiene la responsabilidad de imitar a Dios (Efesios 5:1-2).

25. El cristiano tiene la responsabilidad de vivir sabiamente para con los de afuera (Colosenses 4:5-6).

26. El cristiano tiene la responsabilidad de ayudar a los que predican el evangelio (Filipenses 4:14-18).

27. El cristiano tiene la responsabilidad de

apartarse de los que andan en el error (Romanos 16:17-18; Efesios 5:11; 2 Corintios 6:14-17).

28. El cristiano tiene la responsabilidad de vestir toda la armadura de Dios (Efesios 6:10-18).

29. El cristiano tiene la responsabilidad de buscar primeramente el reino de Dios y su justicia (Mateo 6:33).

30. El cristiano tiene la responsabilidad de poner la mira y buscar las cosas de arriba (Colosenses 3:1-4).

LA DOCTRINA SOBRE EL DIABLO

"Sed sobrios, y velad; porque vuestro adversario el diablo, como león rugiente, anda alrededor buscando a quien devorar" – 1 Pedro 5:8

EL DIABLO EN EL ANTIGUO TESTAMENTO
1. Presentado como la serpiente (Génesis 3:1-6; Apocalipsis 12:9; 2 Corintios 11:3).
2. Presentado como Satanás en Job 1:6-12.
3. Presentado como Satanás en Zacarías 3:1-2.
4. Presentado como Satanás en Salmo 109:6.
5. Presentado como Satanás el que incitó a David a que hiciese un censo en Israel (1 Crónicas 21:1).

EL DIABLO EN EL NUEVO TESTAMENTO Y SUS NOMBRES DEL DIABLO
1. El enemigo (Mateo 13:39).
2. El maligno (1 Juan 5:19).
3. El tentador (Mateo 4:2; 1 Tesalonicenses 3:5).
4. El que estorba (1 Tesalonicenses 2:18).
5. El dios de este siglo (2 Corintios 4:4).
6. El príncipe de este mundo (Juan 12:31).
7. El león rugiente (1 Pedro 5:8).
8. El adversario (1 Pedro 5:8).
9. El que acusa a los hermanos (Apocalipsis 12:9).
10. La serpiente antigua (Apocalipsis 12:9-10).
11. El padre de las mentiras (Juan 8:44).

12. El homicida (Juan 8:44).
13. Satanás (2 Corintios 11:14; 12:7).
14. El diablo (1 Pedro 5:8).
15. Beelzebú (Mateo 10:25; 12:24).
16. El hombre fuerte (Mateo 12:29).
17. El príncipe de la potestad del aire (Efesios 2:2-3).
18. Abadón y Apolión (Apocalipsis 9:11).

LOS PROPÓSITOS DEL DIABLO

1. Tentarte para que peques contra Dios (Mateo 4:2; 1 Tesalonicenses 3:5; Génesis 3:1-6; Santiago 1:13-15).
2. Estorbar la obra de Dios (1 Tesalonicenses 2:18; Mateo 16:23; Hechos 13:6-12).
3. Devorar al cristiano (1 Pedro 5:8).
4. Cegar el entendimiento de los hombres para que no obedezcan el evangelio (2 Corintios 4:4).
5. Incitar a los hombres a violar la ley de Dios (1 Crónicas 21:1).
6. Acusar a los hermanos (Apocalipsis 12:9-10).
7. Causar la muerte eterna en tu vida (Romanos 6:23).

EL CASTIGO DEL DIABLO

1. El diablo será castigado por Dios en el fuego eterno (Mateo 25:41).
2. El castigo eterno es para el diablo (Mateo 25:46).
3. El diablo será lanzado al lago de fuego y azufre (Apocalipsis 20:10).
4. Satanás será aplastado (Romanos 16:20).

EL DIABLO PUEDE SER VENCIDO

1. Podemos vencerlo por medio de la oración (Mateo 26:41).
2. Podemos vencerlo por medio de la Palabra de Dios (Salmo 119:9, 11; Efesios 6:17; Mateo 4:1-12; Jeremías 23:29; Oseas 4:6).
3. Podemos vencerlo por medio de Cristo (Efesios 6:10-13; Filipenses 4:13; 1 Corintios 15:57; 2 Corintios 2:14).
4. Podemos vencerlo por medio de la armadura que Dios nos da (Efesios 6:10-18).
5. Podemos vencerlo alejándonos del pecado (Gálatas 5:16; 1 Pedro 2:11; Romanos 13:14; 1 Corintios 15:33; Santiago 4:7).
6. Podemos vencerlo por medio no amar al mundo (1 Juan 2:15-17; Santiago 4:4).

LA DOCTRINA SOBRE EL ESTUDIO DE LA BIBLIA

"Procura con diligencia presentarte a Dios aprobado, como obrero que no tiene de qué avergonzarse, que usa bien la palabra de verdad" – 2 Timoteo 2:15

EL MANDAMIENTO DE ESTUDIAR LA BIBLIA

1. Dios desea que procuremos con diligencia estudiar Su Palabra (2 Timoteo 2:15). El verbo "procura con diligencia" se encuentra en el modo imperativo lo cual denota un mandamiento a obedecer.

2. Dios desea que crezcamos en el conocimiento de Su Hijo (2 Pedro 3:18). El verbo "creced" se encuentra en el modo imperativo lo cual denota un mandamiento a obedecer.

3. Dios desea que deseemos como niños recién nacidos la leche espiritual (1 Pedro 2:1-2).

BENEFICIOS DEL ESTUDIO DE LA BIBLIA

1. Nos ayuda a crecer espiritualmente (2 Pedro 3:18; 1 Pedro 2:1-2).

2. Nos ayuda a ser aprobados delante de Dios (2 Timoteo 2:15).

3. Nos ayuda a vencer las tentaciones del enemigo (Salmo 119:11; Efesios 6:17; Mateo 4:4, 7, 10).

4. Nos ayuda a ser felices (Jeremías 15:16; Salmo 19:8).

5. Nos ayuda a ser bienaventurados (Salmo 119:1-2; Lucas 11:28).
6. Nos ayuda a tener esperanza y consolación (Romanos 15:4).
7. Nos ayuda a estar siempre preparados (1 Pedro 3:15).
8. Nos ayuda para instruir a nuestros hijos (Deuteronomio 6:4-6; Proverbios 7:1-3; 22:6).
9. Nos ayuda a alabar a Dios con un corazón recto (Salmo 119:7).
10. Nos ayuda a ser un pueblo sabio e inteligente (Deuteronomio 4:6; 2 Timoteo 3:15).
11. Nos ayuda a ser salvos (Santiago 1:21; 2 Timoteo 3:14-15; 1 Timoteo 4:6).
12. Nos ayuda para que siempre hablemos conforme a la Palabra de Dios (1 Pedro 4:11).

CÓMO ESTUDIAR LA BIBLIA

1. Ocupándose en ella (1 Timoteo 4:13).
2. No torciendo las Escrituras (2 Pedro 3:16-17).
3. Recibiéndola con toda solicitud (Hechos 17:11).
4. Recibiéndola con mansedumbre (Santiago 1:21).
5. Estudiándola con una actitud correcta (Salmo 119:97).
6. Estudiándola con diligencia (2 Timoteo 2:15).
7. Escudriñándola todos los días (Hechos 17:11).
8. Considerándola más que nuestra comida (Job 23:12).
9. Deseándola como nuestro alimento (1 Pedro 2:1-2).
10. Pidiéndole a Dios que nos enseñe Sus mandamientos (Salmo 119:7).

11. Preparando nuestro corazón para la Palabra (Esdras 7:10).
12. Estudiándola desde una temprana edad (2 Timoteo 3:14).
13. Utilizando herramientas (2 Timoteo 4:13).
14. Considerando el contexto bíblico (Hechos 13:33; Salmo 2; Lucas 24:44).

EJEMPLOS DE PERSONAS QUE ESTUDIARON LA BIBLIA

1. Josué (Josué 1:7-9; 11:15).
2. Esdras (Esdras 7:6, 10, 11-12).
3. Job (Job 23:12).
4. David (Salmo 119:16).
5. Jeremías (Jeremías 15:16).
6. Jesús (Lucas 2:40, 47, 52).
7. Timoteo (2 Timoteo 3:14-15).

LA DOCTRINA SOBRE LA HUMANIDAD DE JESÚS

"Pero cuando vino el cumplimiento del tiempo, Dios envió
a Su Hijo, nacido de mujer y nacido bajo la ley"
--Gálatas 4:4

LA HUMANIDAD DE JESÚS PROFETIZADA EN EL ANTIGUO TESTAMENTO

1. La humanidad de Jesús estaba en la mente de Dios desde antes de la fundación del mundo (1 Pedro 1:18-20).
2. La primera profecía del Antiguo Testamento habló de la humanidad de Jesús (Génesis 3:15; Mateo 1:21; Gálatas 4:4).
3. La muerte física de Jesús se profetizó desde antes de la fundación del mundo (Isaías 53; Salmo 22).
4. El nacimiento de Jesús de una virgen se profetizó en el Antiguo Testamento (Isaías 7; Mateo 1:21ss).

PRUEBAS DE LA HUMANIDAD DE JESÚS

1. Jesús fue un hombre (Mateo 8:20; Juan 8:40; 19:5; Filipenses 2:7-8).
2. Jesús fue hecho carne (Juan 1:14).
3. Jesús nació de una mujer (Gálatas 4:4; Mateo 1:21-23; Lucas 2:6-7).
4. Jesús tuvo un cuerpo que pudo haber sido tocado (1 Juan 1:1; 1 Timoteo 3:16).

5. Jesús creció como un ser humano (Lucas 2:40, 52).
6. Jesús tuvo hambre (Mateo 21:18; Marcos 11:12; Mateo 4:2; Lucas 4:2).
7. Jesús tuvo sed (Juan 19:28; Juan 4:7).
8. Jesús se cansaba (Juan 4:6).
9. Jesús durmió como ser humano (Mateo 8:24; Marcos 4:38; Lucas 8:23).
10. Jesús fue tentado como ser humano (Hebreos 2:18; Mateo 4:1; Marcos 1:13; Lucas 4:2; Hebreos 4:15).
11. Jesús se enojaba como ser humano (Marcos 3:5).
12. Jesús lloraba como ser humano (Juan 11:35; Lucas 19:41).
13. Jesús tuvo padres y hermanos como ser humano (Mateo 12:46-50).
14. Jesús murió como ser humano (Lucas 19; Macos 14-15).

LOS APÓSTOLES PREDICARON DE LA HUMANIDAD DE JESÚS

1. Los apóstoles predicaron de la muerte, sepultura y resurrección de Cristo (Hechos 2:22-36; 1 Corintios 15:3-4).
2. Pablo predicó de la humanidad de Jesús (Filipenses 2:5-11).

LA DOCTRINA SOBRE LA INSPIRACIÓN DE LA BIBLIA

"Entendiendo primero esto, que ninguna profecía de la Escritura es de interpretación privada, porque nunca la profecía fue traída por voluntad humana, sino que los santos hombres de Dios hablaron siendo inspirados por el Espíritu Santo" – 2 Pedro 1:20-21

PASAJES SOBRE LA INSPIRACIÓN DE LA BIBLIA EN EL ANTIGUO TESTAMENTO.

1. La palabra "inspirada" viene del griego theopneustos, que es una palabra compuesta, theo/Dios y Pneustos/respirar. Esto denota que las Escrituras han sido divinamente inspiradas por Dios o dadas por el aliento de Dios.
2. 2 Samuel 23:2, "El Espíritu de Dios ha hablado por mí"
3. Jeremías 1:9, "Jehová tocó mi boca"
4. Salmo 119:160, "La suma de tus palabras es verdad"
5. Éxodo 4:22, "Así dice Jehová"
6. 2 Crónicas 20:14-15, "El Espíritu de Jehová habló"

PASAJES SOBRE LA INSPIRACIÓN DE LA BIBLIA EN EL NUEVO TESTAMENTO.

1. Juan 17:17, "Tu Palabra es verdad"
2. 1 Corintios 2:13-14, "Lo que el Espíritu enseña"

3. 1 Corintios 14:37, "Lo que os escribo son mandamientos del Señor"
4. Gálatas 1:11-12, "Lo recibí por revelación de Jesús"
5. 2 Timoteo 3:16-17, "Toda Escritura es inspirada por Dios"
6. 2 Pedro 1:20-21, "Los santos hombres de Dios hablaron, siendo inspirados por el Espíritu Santo"
7. Juan 14:26; 15:26; 16:13, "El Espíritu Santo les recordará lo que yo les enseñé"
8. 1 Corintios 2:4-5, "Mi palabra y predicación fueron con demonstración del Espíritu Santo y poder"
9. 1 Tesalonicenses 1:5, "El evangelio llegó en poder y en el Espíritu Santo"
10. Juan 12:49-50; Juan 7:17, "Lo que Jesús habló fue la Palabra de Dios"

PRUEBAS IRREFUTABLES DE LA INSPIRACIÓN DE LA BIBLIA.

1. El cumplimiento de las profecías: Más de 300 profecías Mesiánicas tuvieron su cumplimiento en el Nuevo Testamento.
2. La indestructibilidad de la Biblia: El hombre ha tratado de destruir la Biblia, sin embargo, ella sigue adelante (e.g., Jeremías 36).
3. La Biblia y la arqueología: Varias ciudades de la Biblia han sido descubiertas.
4. La Biblia y la medicina: Todo lo que la medicina dice, ya lo había dicho la Biblia.
5. La Biblia y la astronomía: Lo que el hombre ha descubierto, ya la Biblia lo había dicho.

6. La Biblia y la oceanografía: Todo lo que el hombre ha descubierto, la Biblia ya había hablado acerca de esas cosas.

7. La Biblia y el cuerpo físico: Dios es el Creador del cuerpo físico (Génesis 2:7; Salmo 139:13-14).

8. La Biblia y la biología: Todo produce según su género.

LA DOCTRINA SOBRE EL PLAN DE SALVACIÓN

"Por tanto, todo lo soporto por amor de los escogidos, para que ellos también obtengan la salvación que es en Cristo Jesús con gloria eterna" – 2 Timoteo 2:10

EL PLAN DE SALVACIÓN INCLUYE EL EVANGELIO DE CRISTO.

1. El evangelio consiste en el mensaje que Jesús envió a Sus discípulos a predicar por todo el mundo (Marcos 16:15).
2. El evangelio es el poder de Dios para salvación" (Romanos 1:16).
3. El evangelio consiste en la muerte, sepultura y resurrección de Cristo (1 Corintios 15:1-4).

EL PLAN DE SALVACIÓN INCLUYE EL OÍR EL EVANGELIO DE CRISTO.

1. Romanos 10:17, "La fe viene por el oír la Palabra de Dios"
2. Hechos 18:8, "…y muchos de los corintios, oyendo, creían y eran bautizados"
3. Efesios 1:13, "En Él, también vosotros, habiendo oído la palabra de verdad, el evangelio de vuestra salvación…"
4. Hechos 2:37, "Al oír esto, se compungieron de corazón" lo que oyeron fue el evangelio de Cristo siendo predicado (Hechos 2:22-36).

EL PLAN DE SALVACIÓN INCLUYE EL CREER EN EL EVANGELIO DE CRISTO.

1. Marcos 16:16, "El que creyere y fuere bautizado, será salvo"
2. Juan 3:16, "…para que todo aquel que en Él cree no se pierda, mas tenga vida eterna"
3. Efesios 1:13-14, "Y habiendo creído en Él"
4. Hechos 18:8, "Crispo, el principal de la sinagoga, creyó…muchos de los corintios, oyendo, creían y eran bautizados"

EL PLAN DE SALVACIÓN INCLUYE EL ARREPENTIRSE DE LOS PECADOS.

1. Lucas 13:3, 5, "Si no os arrepentís, todos pereceréis de igual manera"
2. Lucas 24:47, "Y que se predicase en su nombre el arrepentimiento y el perdón de pecados"
3. Hechos 2:38, "Arrepentíos y bautícese cada uno de vosotros para el perdón de pecados"
4. Hechos 3:19, "Arrepentíos y convertíos para que tiempos de refrigerio vengan de la presencia del Señor"
5. Hechos 17:30-31, "Dios ha mandado a todos los hombres en todo lugar a que se arrepientan"

EL PLAN DE SALVACIÓN INCLUYE EL CONFESAR A CRISTO COMO EL HIJO DE DIOS.

1. Romanos 10:9-10, "Con la boca se confiesa para salvación"
2. Mateo 10:32-33, "El que me confiese delante de los hombres, yo también le confesaré delante de mi Padre que está en los cielos"
3. Hechos 8:37, "Yo creo que Jesucristo es el Hijo

de Dios"

EL PLAN DE SALVACIÓN INCLUYE EL SER SUMERGIDO/BAUTIZADO EN AGUA PARA EL PERDÓN DE LOS PECADOS.

1. Juan 3:3, 5, "El que no naciere del agua y del Espíritu no puede entrar en el reino de los cielos"
2. Marcos 16:16, "El que creyere y fuere bautizado será salvo"
3. Mateo 28:19, "Bautizándoles en el nombre del Padre, y del Hijo, y del Espíritu Santo"
4. Hechos 2:38, "Bautícese cada uno de vosotros en el nombre de Jesucristo para el perdón de los pecados y recibiréis el don del Espíritu Santo"
5. Hechos 2:41, "Como tres mil personas fueron bautizadas"
6. Hechos 8:12, "Se bautizaban hombres y mujeres"
7. Hechos 8:13, "También creyó Simón mismo, y habiéndose bautizado, estaba siempre con Felipe"
8. Hechos 8:35-39, Aquí hay agua, ¿Qué impide que yo sea bautizado?... y descendieron ambos al agua, Felipe y el eunuco, y le bautizó"
9. Hechos 9:18, "Y recibió al instante la vista; y levantándose, fue bautizado"
10. Hechos 10:48, "Y mandó bautizarles en el nombre del Señor Jesús"
11. Hechos 16:15, "Y cuando fue bautizada, y su familia…"
12. Hechos 16:33, "Y él, tomándolos en aquella

misma hora de la noche, les lavó las heridas; y en seguida se bautizó él con todos los suyos"

13. Hechos 18:8, "Y muchos de los corintios, oyendo, creían y eran bautizados"

14. Hechos 22:16, "Ahora pues, ¿Por qué te demoras, levántate y bautízate y lava tus pecados…"

15. Romanos 6:3-4, "Hemos sido bautizados en su muerte…sepultados juntamente con él para muerte por el bautismo"

16. 1 Corintios 12:13, "Porque por un solo Espíritu fuimos todos bautizados en un cuerpo…"

17. Gálatas 3:27, "Bautizados en Cristo, de Cristo estáis revestidos"

18. Colosenses 2:12, "Sepultados con Él en el bautismo"

19. Tito 3:5, "por el lavamiento de la regeneración"

20. 1 Pedro 3:21, "El bautismo que corresponde a esto ahora nos salva"

EL PLAN DE SALVACIÓN INCLUYE EL BAUTISMO EN AGUA PARA VARIOS PROPÓSITOS:

1. Para entrar al reino de los cielos (Juan 3:3, 5).
2. Para ser salvo (Marcos 16:16; 1 Pedro 3:21).
3. Para ser bautizado en el nombre del Padre, y del Hijo, y del Espíritu Santo (Mateo 28:19).
4. Para recibir el perdón de los pecados (Hechos 2:38; 22:16).
5. Para ser añadido a la iglesia de Cristo (Hechos 2:47; Efesios 1:22-23).
6. Para entrar en Cristo (Gálatas 3:27; 1 Corintios 12:13).

7. Para ser revestido de Cristo (Gálatas 3:27).
8. Para ser reconciliado con Dios (Efesios 2:13-16).
9. Para recibir la esperanza de vida eterna (1 Juan 5:11; Juan 11:25-26; Tito 1:2).
10. Para vivir una vida de gozo (Hechos 8:35-39).
11. Para morir al pecado (Romanos 6:3-4).
12. Para ser bautizado en la muerte de Cristo (Romanos 6:3).
13. Para andar en vida nueva (Romanos 6:4; 2 Corintios 5:17).
14. Para recibir el don del Espíritu Santo (Hechos 2:38; Efesios 1:13-14; 1 Corintios 6:19-20; Hechos 5:32).
15. Para recibir la regeneración (Tito 3:5).
16. Para ser lavados (Tito 3:5; Hechos 22:16; Apocalipsis 1:5-6).

EL PLAN DE SALVACIÓN INCLUYE EL VIVIR UNA VIDA FIEL DESPUÉS DEL BAUTISTMO.[1]

1. 1 Corintios 15:58, "Estad firmes y constantes, creciendo en la obra del Señor siempre…"
2. Filipenses 2:12, "Ocuparnos en nuestra salvación con temor y temblor"
3. Apocalipsis 2:10, "Sé fiel hasta la muerte y yo te daré la corona de vida"
4. 2 Timoteo 4:7-8, "He peleado la buena batalla, he acabado la carrera, he guardado la fe"
5. Mateo 24:13, "El que persevere hasta el fin, éste será salvo"

---

[1] Favor de ver la sección titulada, "La doctrina de las responsabilidades del Cristiano".

LA DOCTRINA SOBRE LA SANTIDAD DEL CRISTIANO

"Sino, como aquel que os llamó es santo, sed también vosotros santos en toda vuestra manera de vivir; porque escrito está: Sed santos, porque yo soy santo" – 1 Pedro 1:15-16

LA SANTIDAD ES UN MANDAMIENTO.

1. El verbo "sed santos" de 1 Pedro 1:16 se encuentra en el modo imperativo, lo cual denota un mandamiento a seguir.
2. El verbo "seguid" de Hebreos 12:14 se encuentra en el modo imperativo, lo cual también denota un mandamiento a seguir.

EL ANTIGUO TESTAMENTO Y LA SANTIDAD.

1. Levítico 11:44, "Sed santos porque Yo soy santo"
2. Levítico 19:2, "Santos seréis, porque santo soy Yo Jehová vuestro Dios"
3. Isaías 6:3, "Y el uno al otro daba voces, diciendo: Santo, santo, santo, Jehová de los ejércitos; toda la tierra está llena de su gloria"
4. Salmo 24:3-4, "¿Quién subirá al monte de Jehová? ¿Y quién estará en su lugar santo? El limpio de manos y puro de corazón; el que no ha elevado su alma a cosas vanas, ni jurado con engaño"
5. Salmo 15:1-5, "Jehová, ¿Quién habitará en tu

tabernáculo? ¿Quién morará en tu monte santo? El que anda en integridad y hace justicia, y habla verdad en su corazón. El que no calumnia con su lengua, ni hace mal a su prójimo, ni admite reproche alguno contra su vecino. Aquel a cuyos ojos el vil es menospreciado, pero honra a los que temen a Jehová. El que aun jurando en daño suyo, no por eso cambia; quien su dinero no dio a usura, ni contra el inocente admitió cohecho. El que hace estas cosas, no resbalará jamás"

6. Deuteronomio 7:6, "Porque tú eres pueblo santo para Jehová tu Dios; Jehová tu Dios te ha escogido para serle un pueblo especial, más que todos los pueblos que están sobre la tierra"

7. Levítico 20:26, "Habéis, pues, de serme santos, porque yo Jehová soy santo, y os he apartado de los pueblos para que seáis míos"

EL NUEVO TESTAMENTO Y LA SANTIDAD.

1. Mateo 5:8, "Bienaventurados los de limpio corazón, porque ellos verán a Dios"

2. Romanos 13:14, "Sino vestíos del Señor Jesucristo, y no proveáis para los deseos de la carne"

3. 1 Corintios 6:9-11, "¿No sabéis que los injustos no heredarán el reino de Dios? No erréis; ni los fornicarios, ni los idólatras, ni los adúlteros, ni los afeminados, ni los que se echan con varones, ni los ladrones, ni los avaros, ni los borrachos, ni los maldicientes, ni los estafadores, heredarán el reino de Dios. Y esto erais algunos; mas ya habéis sido lavados, ya

habéis sido santificados, ya habéis sido justificados en el nombre del Señor Jesús, por el Espíritu de nuestro Dios"

4. 2 Corintios 7:1, "Así que, amados, puesto que tenemos tales promesas, limpiémonos de toda contaminación de carne y de espíritu, perfeccionando la santidad en el temor de Dios"

5. 2 Corintios 6:14, "No os unáis en yugo desigual con los incrédulos; porque ¿Qué compañerismo tiene la justicia con la injusticia? ¿Y qué comunión la luz con las tinieblas?

6. Gálatas 5:16, "Digo, pues: Andad en el Espíritu y no satisfagáis los deseos de la carne"

7. Efesios 1:4, "Según nos escogió en Él antes de la fundación del mundo, para que fuésemos santos y sin mancha delante de Él"

8. Efesios 4:17-32 nos exhorta a no andar como los gentiles, a desechar la mentira, la ira, el robo, las malas palabras, etc.

9. 1 Tesalonicenses 4:3, "Pues la voluntad de Dios es vuestra santificación; que os apartéis de fornicación"

10. 2 Timoteo 2:19, "Pero el fundamento de Dios está firme, teniendo este sello: Conoce el Señor a los que son suyos; y: Apártese de iniquidad todo aquel que invoca el nombre de Cristo"

11. Hebreos 12:14, "Seguid la paz con todos, y la santidad, sin la cual nadie verá al Señor"

12. Santiago 1:27, "La religión pura y sin mácula delante de Dios el Padre es esta: Visitar a los huérfanos y a las viudas en sus tribulaciones, y guardarse sin mancha del mundo"

13. 1 Pedro 1:14, "Como hijos obedientes, no os conforméis a los deseos que antes teníais estando en vuestra ignorancia; sino, como aquel que os llamó es santo, sed también vosotros santos en toda vuestra manera de vivir; porque escrito está: Sed santos porque yo soy santo"

14. 1 Pedro 3:10, "Porque: El que quiere amar la vida y ver días buenos, refrene su lengua del mal, y sus labios no hablen engaño; apártese del mal, y haga el bien; busque la paz, y sígala"

LA DOCTRINA SOBRE EL SUFRIMIENTO DEL CRISTIANO

"Confirmando los ánimos de los discípulos, exhortándoles a que permaneciesen en la fe, y diciéndoles: Es necesario que a través de muchas tribulaciones entremos en el reino de Dios" – Hechos 14:22

EL CRISTIANO QUE DESEE HACER LA VOLUNTAD DE DIOS SUFRIRÁ

1. Juan 15:19, "El mundo los aborrece"
2. Juan 16:2, "Os expulsarán de las sinagogas"
3. Juan 16:33, "En el mundo tendréis tribulación"
4. Filipenses 1:29, "Se nos ha concedido por amor de Cristo, no sólo creer, sino también padecer"
5. 2 Timoteo 3:12, "Todos los que quieran vivir piadosamente en Cristo padecerán persecución"
6. Hechos 14:22, "A través de muchas tribulaciones es necesario entrar en el reino de los cielos"

LOS APÓSTOLES Y CRISTIANOS DEL PRIMER SIGLO SUFRIERON

1. Hechos 2:13, "Mas otros burlándose, decían: Están llenos de mosto"
2. Hechos 4:18, 21, "Los intimaron y los amenazaron"
3. Hechos 5:40, "Después de azotarlos, les intimaron que no hablasen en el nombre de

Jesús"

4. Hechos 7:57-59, "Entonces ellos, dando grandes voces, se taparon los oídos, y arremetieron a una contra él. Y echándole fuera de la ciudad, le apedrearon"

5. Hechos 8:1-4, "En aquel día hubo una gran persecución contra la iglesia que estaba en Jerusalén"

6. Hechos 9:24, "Y ellos guardaban las puertas de día y de noche para matarle"

7. Hechos 12:1-2, "En aquel mismo tiempo el rey Herodes echó mano a algunos de la iglesia para maltratarles. Y mató a espada a Jacobo, hermano de Juan"

8. Hechos 14:19, "Y habiendo apedreado a Pablo, le arrastraron fuera de la ciudad, pensando que estaba muerto"

LA ACTITUD DEL CRISTIANO ANTE EL SUFRIMIENTO

1. Juan 16:33, "Confiad, Yo he vencido al mundo"

2. Mateo 5:10-12; 1 Pedro 4:14, "Bienaventurados los que padecen persecución por causa de la justicia… Gozaos y alegraos"

3. Romanos 8:35-39, "Nada nos puede separar del amor de Dios"

4. Efesios 6:10-18, "Por tanto, tomad toda la armadura de Dios, para que podáis resistir en el día malo, y habiendo acabado todo, estar firmes"

5. Filipenses 1:21, "Para mí el vivir es Cristo y el morir es ganancia"

6. Filipenses 4:13, "Todo lo puedo en Cristo que

me fortalece"

7. Colosenses 1:24, "Ahora me gozo en lo que padezco"

8. Santiago 1:2; 1 Pedro 4:13, "Tened por sumo gozo cuando os halléis en diversas pruebas"

9. Apocalipsis 2:10, "Se fiel hasta la muerte"

10. 1 Pedro 4:15, "Ninguno de vosotros padezca como homicida, o ladrón, o malhechos, o por entremeterse en lo ajeno"

11. 1 Pedro 4:16, "No se avergüence, sino glorifique a Dios por ello"

12. 1 Pedro 4:19, "De modo que los que padecen según la voluntad de Dios, encomienden sus almas al fiel Creador, y hagan el bien"

13. 1 Pedro 4:12, "No os sorprendáis del fuego de prueba que os ha sobrevenido"

LA DOCTRINA SOBRE LA CENA DEL SEÑOR

"El primer día de la semana, reunidos los discípulos para partir el pan, Pablo les enseñaba, habiendo de salir al día siguiente; y alargó el discurso hasta la medianoche" – Hechos 20:7

LA CENA DEL SEÑOR FUE INSTITUIDA POR EL SEÑOR MISMO
1. Mateo 26:26-29
2. Marcos 14:22-25
3. Lucas 22:19-24

LA CENA DEL SEÑOR SE PRACTICABA CON REGULARIDAD
1. Hechos 2:42, "Perseveraban en el partimiento del pan"
2. Hechos 20:7, "Cada primer día de la semana"
3. 1 Corintios 11:17-34 El apóstol Pablo escribió sobre la Cena del Señor.

LO QUE LA CENA DEL SEÑOR ES
1. 1 Corintios 11:24, Es un memorial en el que se debe de dar gracias.
2. 1 Corintios 11:24, El pan es el Cuerpo del Señor Jesús.
3. 1 Corintios 11:25, La copa es el nuevo pacto en la sangre de Jesús.
4. 1 Corintios 11:25, Es un memorial de la muerte

de Cristo.

5. 1 Corintios 11:26, Es un anuncio de la muerte del Señor hasta que Él venga.

6. 1 Corintios 11:27, Es un memorial que se debe de tomar dignamente.

7. 1 Corintios 11:28, Es un memorial en el que cada cristiano debe probarse así mismo.

8. 1 Corintios 11:29, Es un memorial en el que, si se participa indignamente, el cristiano no discierne el Cuerpo del Señor y juicio come y bebe para sí.

LA DOCTRINA SOBRE EL PERDÓN

"Bienaventurado aquel cuya transgresión ha sido perdonada, y cubierto su pecado" – Salmo 32:1

EL HOMBRE NECESITA EL PERDÓN DE DIOS POR CAUSA DEL PECADO

1. Isaías 59:1-2, El pecado separa al hombre de Dios.
2. Romanos 5:10, El pecado nos hace enemigos de Dios.
3. Romanos 6:23, El pecado trae muerte espiritual.
4. Efesios 2:1-4, El pecado mantiene a las personas muertos espiritualmente.

EL PERDÓN DE PECADOS SE ENCUENTRA EN CRISTO

1. Efesios 1:7; Colosenses 1:14, El perdón de pecados y la redención se encuentran en Cristo.
2. Marcos 2:10, Cristo tiene potestad para perdón pecados.
3. Gálatas 3:27, Por medio del bautismo la persona entra en Cristo, que es donde está el perdón de pecados.

EL PERDÓN DE PECADOS SE OBTIENE POR MEDIO DEL BAUTISMO

1. Hechos 2:38, El bautismo es para

obtener/recibir el perdón de los pecados.

2. Hechos 22:16, Por medio del bautismo la persona puede lavar sus pecados con la sangre de Cristo.

3. Apocalipsis 1:5, Cristo lavó nuestros pecados con su sangre.

4. Romanos 6:3-4, Por medio del bautismo somos bautizados en la muerte de Cristo.

5. Gálatas 3:27, El bautismo nos ayuda a entrar en Cristo, que es donde está el perdón de los pecados.

6. Hechos 3:19, Por medio del arrepentimiento y la conversión la persona recibe el perdón de pecados.

7. Hechos 8:22, Por medio de una oración los cristianos reciben perdón de pecados.

8. 1 Juan 1:7-9, Por medio de la confesión de nuestros pecados, es decir, los pecados del cristiano, es como puede recibir el perdón de sus pecados.

9. Hechos 10:43, El perdón de pecados se obtiene por medio de una fe obediente.

EXISTEN DOS LEYES DE PECADO: UNA PARA EL CRISTIANO Y OTRA PARA EL NO CRISTIANO

1. Hechos 8:22 y 1 Juan 1:7-9 se aplica solamente a los cristianos. Cuando ellos confiesan sus pecados a Dios y se apartan de ellos, es ahí entonces cuando Dios les perdona.

2. Hechos 2:38 y Hechos 22:16 se aplica a los no cristianos, es decir, aquellos que nunca han obedecido el evangelio de Cristo.

CUANDO DIOS PERDONA NUESTROS PECADOS, ÉL OLVIDA

1. Isaías 43:25, Borra nuestros pecados y ya no se acuerda de ellos
2. Salmo 103:12, Dios aleja nuestros pecados.
3. Hebreos 8:12, Dios ya no se acuerda de nuestros pecados que ha perdonado.

EL CRISTIANO DEBE APRENDER A PERDONAR A LOS QUE LE OFENDEN

1. Mateo 6:12, Así como Dios nos perdona, debemos perdonar.
2. Mateo 18:21-35, Jesús enseñó sobre el perdón.
3. Marcos 11:25-26, Si no perdonamos, Dios no nos va a perdonar.
4. Efesios 5:1-2; Lucas 6:36, El cristiano debe ser imitador de la misericordia de Dios.
5. Efesios 4:32, El cristiano debe perdonarse el uno al otro.
6. Colosenses 3:12-13, La vestimenta espiritual de cristiano le ayuda a perdonar a sus hermanos.
7. Lucas 23:34; 1 Pedro 2:21, El cristiano debe imitar a Jesús y Su manera de perdonar.

LA DOCTRINA SOBRE LOS FALSOS MAESTROS

"Guardaos de los falsos profetas, que vienen a vosotros con vestidos de ovejas, pero por dentro son lobos rapaces" – *Mateo 7:15*

LOS FALSOS MAESTROS ESTUVIERON PRESENTES EN EL ANTIGUO TESTAMENTO

1. 2 Pedro 2:1, Hubieron falsos maestros en la antigüedad.
2. Génesis 3:1, La serpiente representa el trabajo de los falsos maestros.
3. Isaías 30:8-11, El pueblo de Dios los apoyaba.
4. Jeremías 5:30-31, Los profetas profetizaban mentira y el pueblo así lo quiso.
5. Jeremías 14:13-14, Los falsos profetas profetizaban falsamente en el nombre de Dios.
6. Jeremías 14:15, Los falsos profetas no fueron enviados por Dios.
7. Jeremías 14:15-16, Los falsos maestros y los que los apoyan serán destruidos.
8. Jeremías 23:1-40, Una pronunciación de condenación para los falsos profetas.

LOS FALSOS MAESTROS SON UNA REALIDAD EN EL NUEVO TESTAMENTO

1. Mateo 7:15, Cristo advirtió sobre los falsos maestros.
2. 1 Timoteo 4:1, En los postreros días habrá

falsos maestros.

3. 1 Juan 4:1, Muchos falsos profetas han salido por el mundo.
4. 2 Pedro 2:1, Hay falsos profetas en la actualidad.
5. Judas 4, Entran encubiertamente en la iglesia.

NUESTRA ACTITUD ANTE LOS FALSOS MAESTROS

1. Efesios 5:11, No hay que tener comunión con ellos.
2. 2 Juan 9-11, No hay que apoyarlos.
3. 1 Juan 4:1, No hay que creerles.
4. Romanos 16:17-18, Hay que apartarnos de ellos.
5. Colosenses 2:8, No hay que dejarnos engañar por ellos.

DESCRIPCIÓN DE LOS FALSOS MAESTROS

1. 2 Timoteo 3:5, Tienen apariencia de piedad.
2. Mateo 7:15, Se visten con piel de oveja, pero por dentro son lobos rapaces.
3. Judas 4, Entran sutilmente en la congregación.
4. Hechos 20:29, Son descritos como lobos rapaces.
5. Hechos 20:29, No perdonan el rebaño.
6. Hechos 20:30, Hablarán cosas perversas para arrastrar a los discípulos.
7. Romanos 16:17, Hay que fijarnos en ellos para tener cuidado.
8. Romanos 16:18, Se enfocan en servir a sus propios vientres.
9. Colosenses 2:8, Engañan por medio de

filosofías y huecas sutilezas.

10. 1 Timoteo 1:3, Enseñan diferente doctrina.

LA DOCTRINA SOBRE LA RECONCILIACIÓN

"Porque si siendo enemigos, fuimos reconciliados con Dios por la muerte de Su Hijo, mucho más, estando reconciliados, seremos salvos por su vida" – Romanos 5:10

EL POR QUÉ DE LA RECONCILIACIÓN
1. Génesis 3:23-24, El pecado te separa de Dios.
2. Isaías 59:1-2, El pecado impide que Dios tenga comunión el pecador.
3. Romanos 8:7, Los designios de la carne son enemistad contra Dios.
4. Santiago 4:4, El hacernos amigos del mundo nos constituye enemigos de Dios.
5. Romanos 5:10, Por causa del pecado éramos enemigos de Dios.

EL LUGAR DE LA RECONCILIACIÓN
1. Romanos 5:10, La reconciliación se encuentra por medio de la muerte de Cristo.
2. 2 Corintios 5:18, Dios nos reconcilió por medio de Cristo.
3. Efesios 2:13-16, La reconciliación se encuentra en Cristo.

LA BENDICIÓN DE LA RECONCILIACIÓN
1. Romanos 5:10, La reconciliación produce salvación y evita que seamos enemigos de Dios.

2. Romanos 5:1, La reconciliación nos hace estar en paz con Dios.

EL CÓMO DE LA RECONCILIACIÓN

1. Romanos 5:1, Por medio de una fe obediente podemos tener paz con Dios.
2. Efesios 2:13-16, La reconciliación se encuentra en Cristo.
3. Colosenses 1:20, La reconciliación es por medio de la sangre de Cristo.
4. Gálatas 3:27, Por medio del bautismo entramos en Cristo, que es donde está la reconciliación.
5. Santiago 4:4, El no amar el mundo nos mantiene reconciliados con Dios.
6. 2 Corintios 5:18, Los cristianos predican la reconciliación.
7. Todos los que obedecen el evangelio de Cristo son reconciliados con Dios (Plan de salvación).

LA DOCTRINA SOBRE LA DISCIPLINA EN LA IGLESIA

"Pero os ordenamos, hermanos, en el nombre de nuestro Señor Jesucristo, que os apartéis de todo hermano que ande desordenadamente, y no según la enseñanza que recibisteis de nosotros" – 2 Tesalonicenses 3:6

EL MANDAMIENTO DE LA DISCIPLINA
1. Mateo 18:15-20, Por autoridad de Cristo.
2. 1 Corintios 5:5, Por autoridad apostólica.
3. Efesios 5:11, No podemos tener comunión con el pecado.
4. 2 Corintios 6:17, Debemos salir del pecado.
5. Efesios 4:17-22, Debemos alejarnos del pecado.
6. 2 Tesalonicenses 3:6, Debemos apartarnos de aquellos que andan en el error.

EJEMPLOS DE LA DISCIPLINA
1. 1 Corintios 5:1-13, El hombre que tenía la mujer de su padre.
2. 1 Timoteo 1:20, Himeneo y Alejandro.
3. 2 Timoteo 1:15, Figelo y Hermógenes.
4. Hechos 5:1-11, Ananías y Safira.
5. Gálatas 2:11-16, El apóstol Pedro.

EL PROPÓSITO DE LA DISCIPLINA
1. Proverbios 6:23, La disciplina es camino de vida.
2. 1 Corintios 5:5, La disciplina es con el

propósito de que el alma del errado se salve.

3. 1 Timoteo 1:20, La disciplina es para que la gente aprenda a no blasfemar.

4. Hechos 5:11, La disciplina es para que haya temor/reverencia/respeto en la iglesia.

5. 1 Corintios 9:27, La disciplina nos ayuda a no ser eliminados.

6. Hebreos 12:5-6, La disciplina es muestra del amor de Dios.

7. Apocalipsis 3:19, Dios disciplina a los que ama.

LA DISCIPLINA HACIA LOS HIJOS

1. Proverbios 13:24, El que no disciplina a su hijo, le aborrece.

2. Proverbios 19:18, Disciplina al hijo en tanto que hay esperanza.

3. Proverbios 22:15, La disciplina aleja la necedad del hijo.

4. Proverbios 23:13-14, La disciplina librará el alma del niño del Seol.

5. Proverbios 29:15, La disciplina y la corrección dan sabiduría.

6. Proverbios 29:17, La disciplina produce descanso para los padres.

La DOCTRINA SOBRE LAS BIENAVENTURANZAS

"Bienaventurados los de limpio corazón, porque ellos verán a Dios" – Mateo 5:8

LAS BIENAVENTURANZAS EN EL ANTIGUO TESTAMENTO

1. Bienaventurado el varón que no anduvo en consejo de malos (Salmo 1:1).
2. Bienaventurados todos los que en Él confían (Salmo 2:12).
3. Bienaventurado aquel cuya transgresión es perdonada, y cubierto su pecado (Salmo 32:1).
4. Bienaventurado el hombre a quien Jehová no culpa de iniquidad y en cuyo espíritu no hay engaño (Salmo 32:2).
5. Bienaventurado el hombre que puso en Jehová su confianza (Salmo 40:4).
6. Bienaventurado el que piensa en el pobre; en el día malo lo librará Jehová... será bienaventurado en la tierra (Salmo 41:1, 2).
7. Bienaventurado el que tú escogieres y atrajeres a ti (Salmo 65:4).
8. Bienaventurados los que habitan en tu casa; perpetuamente te alabarán (Salmo 84:4).
9. Bienaventurado el hombre que tiene en ti sus fuerzas; en cuyo corazón están tus caminos (Salmo 84:5).

10. Bienaventurados los que guardan juicio, los que hacen justicia en todo tiempo (Salmo 106:3).
11. Bienaventurado el hombre que tema a Jehová (Salmo 112:1).
12. Bienaventurado todo aquel que teme a Jehová (Salmo 128:1).
13. Bienaventurados los que coman el trabajo de sus manos (Salmo 128:2).
14. Bienaventurados los que guardan mis caminos (Proverbios 8:32).
15. Bienaventurado el hombre que me escucha (Proverbios 8:34).
16. Bienaventurados vosotros los que sembráis junto a todas las aguas, y dejáis libres al buey y al asno (Isaías 32:20).
17. Bienaventurado el hombre que guarda derecho y hace justicia (Isaías 56:1-2).
18. Bienaventurado el que espere, y llegue a mil trescientos treinta y cinco días (Daniel 12:12).

LAS BIENAVENTURANZAS EN EL NUEVO TESTAMENTO

1. Bienaventurados los pobres en espíritu, porque de ellos es el reino de los cielos (Mateo 5:3).
2. Bienaventurados los que lloran, porque ellos recibirán consolación (Mateo 5:4).
3. Bienaventurados los mansos, porque ellos recibirán la tierra por heredad (Mateo 5:5).
4. Bienaventurados los que tienen hambre y sed de justicia, porque ellos serán saciados (Mateo 5:6).
5. Bienaventurados los misericordiosos, porque

ellos alcanzarán misericordia (Mateo 5:7).

6. Bienaventurados los de limpio corazón, porque ellos verán a Dios (Mateo 5:8).

7. Bienaventurados los pacificadores, porque ellos serán llamados hijos de Dios (Mateo 5:9).

8. Bienaventurados los que padecen persecución por causa de la justicia, porque de ellos es el reino de los cielos (Mateo 5:10).

9. Bienaventurados sois cuando por mi causa os vituperen y os persigan, y digan toda clase de mal contra vosotros mintiendo (Mateo 5:11).

10. Bienaventurados vuestros ojos, porque ven; y vuestros oídos, porque oyen (Mateo 13:16).

11. Bienaventurados los ojos que ven lo que vosotros veis (Lucas 10:23).

12. Bienaventurados los que oyen la Palabra de Dios, y la guardan (Lucas 11:28).

13. Bienaventurados los que no vieron, y creyeron (Juan 20:29).

14. Bienaventurado el que lee, y los que oyen las palabras de esta profecía, y guardan las cosas en ella escritas; porque el tiempo está cerca (Apocalipsis 1:3).

15. Bienaventurados de aquí en adelante los muertos que mueren en el Señor (Apocalipsis 14:13).

16. Bienaventurado el que vela, y guarda sus ropas, para que no ande desnudo, y vean su vergüenza (Apocalipsis 16:15).

17. Bienaventurados los que son llamados a la cena de las bodas del Cordero (Apocalipsis 19:9).

18. Bienaventurado y santo el que tiene parte en la

primera resurrección; la segunda muerte no tiene potestad sobre éstos, sino que serán sacerdotes de Dios y de Cristo, y reinarán con Él mil años (Apocalipsis 20:6).

19. Bienaventurado el que guarda las palabras de la profecía de este libro (Apocalipsis 22:7).

20. Bienaventurados los que lavan sus ropas, para tener derecho al árbol de la vida, y para entrar por las puertas en la ciudad (Apocalipsis 22:14).

LA DOCTRINA SOBRE EL CIELO

"A causa de la esperanza que os está guardada en los cielos, de la cual ya habéis oído por la palabra verdadera del evangelio" – Colosenses 1:5

JESÚS HABLÓ SOBRE EL CIELO

1. Mateo 5:10-12, Grande es nuestro galardón en los cielos cuando estamos dispuestos a sufrir por Cristo.
2. Mateo 6:19-21, Debemos hacer tesoros en el cielo.
3. Mateo 7:13-14, Angosto es el camino que lleva a la vida.
4. Mateo 7:21-23, Los que hagan la voluntad de Dios estarán en el cielo.
5. Mateo 19:16-30, Para entrar al cielo Dios demanda ciertas cosas de nosotros.
6. Mateo 25:31-46, El cielo es para los fieles.
7. Mateo 24:36, Los ángeles de Dios están en el cielo.
8. Lucas 13:23-24, Pocos serán los que entrarán al cielo.
9. Lucas 15:7, 10, Hay gozo en el cielo cuando un pecador se arrepiente.
10. Juan 3:13, Jesús descendió del cielo.
11. Juan 14:1-3, Cristo fue a preparar una mansión para los fieles.

LOS APÓSTOLES PREDICARON SOBRE EL CIELO

1. Romanos 8:18, Las aflicciones de este tiempo presente no se comparan con la gloria que nos espera en el cielo.
2. 2 Corintios 5:1-2, Tenemos una casa no hecha de manos en los cielos.
3. Filipenses 3:20, Nuestra ciudadanía está en los cielos.
4. Colosenses 1:5, Nuestra esperanza está reservada en los cielos.
5. Colosenses 3:1-4, Debemos buscar las cosas del cielo.
6. 2 Tesalonicenses 1:7-9, El Señor Jesús vendrá del cielo.
7. 1 Pedro 1:4, Tenemos una herencia incorruptible reservada en los cielos.
8. 2 Pedro 1:10-11, Si hacemos firme nuestra vocación tendremos amplia entrada en el reino eterno.
9. 2 Pedro 3:13, Los fieles esperan cielos nuevos y tierra nueva donde mora la justicia.
10. Apocalipsis 21:4, En el cielo no habrá más llanto, ni tristeza ni dolor.

DESCRIPCIÓN DEL CIELO

1. 2 Pedro 3:13, En el cielo morará la justicia.
2. Mateo 5:43-48, Dios está en los cielos.
3. Mateo 7:21, El Padre está en el cielo.
4. Apocalipsis 21:4, En el cielo no habrá muerte, ni llanto, ni clamor, ni dolor.
5. 1 Tesalonicenses 4:17, En el cielo estaremos para siempre con el Señor.

LOS QUE ESTARÁN EN EL CIELO

1. Mateo 7:21, Los que hacen la voluntad del Padre estarán en el cielo.
2. Apocalipsis 22:14, Los que guardan los mandamientos de Dios estarán en el cielo.
3. Hebreos 5:8-9, Los obedientes estarán en el cielo.
4. Hechos 14:22, Los que sufren por el Señor estarán en el cielo.
5. Mateo 5:10-12, Los que están dispuestos a sufrir por el Señor estarán en el cielo.
6. Apocalipsis 2:7, 11, 17, 26; 3:5, 12, 21, Los que venzan al enemigo y permanezcan fieles estarán en el cielo.

LOS QUE NO ESTARÁN EN EL CIELO

1. Mateo 7:21-23, Los que no hacen la voluntad del Padre.
2. Apocalipsis 20:14, Los que tengan sus nombres inscritos en el libro de la vida.
3. Mateo 25:41, 46, El diablo y sus ángeles no estarán en el cielo.
4. 2 Tesalonicenses 1:7-9, Los que no conocen a Dios ni obedecen el evangelio no estarán en el cielo.
5. Romanos 6:23, Los que practican el pecado no estarán en el cielo.
6. Santiago 1:12, Los que no vencen las tentaciones no estarán en el cielo.
7. Apocalipsis 2:10, Los que no sean fieles hasta el fin no estarán en el cielo.
8. Apocalipsis 2:7, 11, 17, 26; 3:5, 12, 21, Los que no venzan no podrán estar en el cielo.

La DOCTRINA SOBRE EL INFIERNO

"Entonces dirá también a los de la izquierda: Apartaos de mí, malditos, al fuego eterno preparado para el diablo y sus ángeles" – Mateo 25:41

LA REALIDAD Y DESCRIPCIÓN DEL INFIERNO

1. Mateo 5:27-30, Jesús predicó sobre el infierno.
2. Mateo 10:28, Jesús nos enseñó que debemos temer a aquel que puede destruir el alma y el cuerpo en el infierno.
3. Mateo 13:50, Jesús describe el infierno como el horno de fuego donde será el lloro y el crujir de dientes.
4. Mateo 25:41, Jesús describe el infierno como el fuego eterno preparado para el diablo y sus ángeles.
5. Mateo 25:46, Jesús describe el infierno como el castigo eterno.
6. Marcos 9:43-48, Jesús describe el infierno como el lugar donde el gusano de ellos no muere y el fuego nunca se apaga.
7. Mateo 22:13, Jesús describe el infierno como las tinieblas de afuera donde será el lloro y crujir de dientes.
8. 2 Tesalonicenses 1:9, El infierno es descrito como el lugar donde los desobedientes sufrirán pena de eterna perdición, excluidos de la

presencia del Señor y de la gloria de su poder.

9. Apocalipsis 20:15, El infierno es descrito como el lago de fuego.
10. Apocalipsis 21:8, El infierno es descrito como el lago de fuego y azufre.

LOS HABITANTES DEL INFIERNO

1. 2 Tesalonicenses 1:7-9, Los que no conocieron a Dios ni obedecen el evangelio de Cristo.
2. 1 Corintios 6:9-11, Los fornicarios, idolatras, adúlteros, afeminados, los que se echan con varones, ladrones, avaros, borrachos, maldicientes y estafadores.
3. Gálatas 5:19-21, Los que practican el adulterio, fornicación, inmundicia, lascivia, idolatría, hechicerías, enemistades, pleitos, celos, iras, contiendas, disensiones, herejías, envidias, homicidios, borracheras, orgias.
4. Apocalipsis 21:8, Los cobardes, incrédulos, abominables, homicidas, fornicarios, hechiceros, idolatras, y los mentirosos.
5. Mateo 25:41, El diablo y sus ángeles.
6. Mateo 25:46, Los desobedientes.
7. Apocalipsis 20:15, Los que no tengan sus nombres inscritos en el libro de la vida.

LO QUE PUEDE HACER PARA NO IR AL INFIERNO

1. Romanos 6:23; Santiago 1:14-15, La persona debe reconocer las terribles consecuencias del pecado.
2. Romanos 10:17, La persona debe oír el evangelio de Cristo.

3. Juan 3:16; Marcos 16:16, La persona debe creer en Cristo y Su evangelio.

4. Hechos 2:38; 3:19; Lucas 13:3, 5, La persona debe arrepentirse de sus pecados.

5. Romanos 10:9-10; Mateo 10:32-33, La persona debe confesar a Cristo como el Hijo de Dios.

6. Hechos 2:38; 22:16; Marcos 16:16, La persona debe ser sumergida en agua para obtener el perdón de pecados y la salvación.

7. Apocalipsis 2:10; Filipenses 2:12, La persona debe vivir una vida fiel delante de Dios.

LA DOCTRINA SOBRE LA FE

"Pero sin fe es imposible agradar a Dios; porque es necesario que el que se acerca a Dios crea que le hay, y que es galardonador de los que le buscan" – Hebreos 11:6

LO QUE LA FE SIGNIFICA
1. La palabra "fe" viene del griego *pistis*, lo cual denota lo siguiente: Acción de creer, confianza, fidelidad, prueba, buena conciencia.
2. Esta palabra denota tres puntos muy importantes: Total confianza en Dios, total obediencia a Dios y también denota dentro del contexto donde aparece, la Palabra de Dios.
3. La fe es descrita como la certeza de lo que se espera y la convicción de lo que no se ve (Hebreos 11:6).

EJEMPLOS DE PERSONAS QUE TUVIERON UNA FE BÍBLICA
1. Marcos 2:1-5, La fe del paralítico se mostró en una total confianza.
2. Marcos 2:4, La fe del paralítico se mostró en acción por parte de los que le bajaron del techo.
3. Marcos 2:11-12, La fe del paralítico se mostró en obediencia al obedecer las instrucciones de Jesús.
4. Marcos 5:27-28, La fe de la mujer del flujo de sangre se mostró en tu total confianza de que

Jesús podía sanarla.

5. Marcos 5:34, La fe de la mujer le trajo sanidad.

6. Juan 4:46-54, El hijo de un oficial fue sanado porque el oficial tuvo total confianza en Jesús y obedeció.

7. Hebreos 11:4, Por la fe Abel ofreció a Dios más excelente sacrificio que Caín.

8. Hebreos 11:5, Por la fe obediente Enoc fue traspuesto para no ver muerte, y no fue hallado, porque lo traspuso Dios. Este hombre agradó a Dios por medio de una fe obediente.

9. Hebreos 11:7, Por la fe Noé obedeció a Dios.

10. Hebreos 11:8-20, Por la fe Abraham fue grandemente bendecido por Dios.

11. Hebreos 11:21-22, Por la fe Jacob y José vivieron una vida fiel delante de Dios.

12. Hebreos 11:23-30, Por la fe obediente Moisés fue grandemente bendecido por Dios.

13. Hebreos 11:31, Por la fe Rahab fue bendecida.

CARACTERISTICAS DE LA FE BÍBLICA

1. Santiago 2:17, 26, La fe sin obras es muerta.

2. 2 Pedro 1:1, La fe es preciosa.

3. Judas 20, La fe es santísima.

4. 2 Timoteo 1:5, La fe bíblica no es fingida.

5. 2 Tesalonicenses 1:3, La obra de vuestra fe.

6. Génesis 6:22, La fe obedece a la voluntad de Dios.

7. Marcos 6:34, La fe produce salvación.

LA IMPORTANCIA DE LA FE

1. Hebreos 11:6, Sin fe es imposible agradar a Dios y ser bendecido por Él.

2. Juan 8:24, Sin fe en Jesús no puedes ser salvo.

3. 1 Juan 5:4, Sin fe no puedes vencer al mundo.

4. Romanos 10:17, Sin oír la Palabra de Dios no puedes tener fe.

5. Juan 3:16, La fe nos ayuda a tener vida eterna.

6. Romanos 3:28; Gálatas 2:16; Romanos 5:1, La fe nos trae la justificación delante de Dios.

7. Efesios 2:8; Hechos 16:31; Marcos 16:16, La fe trae salvación.

8. Hechos 10:43, La fe obediente nos trae el perdón de pecados.

9. Romanos 5:1; Efesios 2:18, La fe nos da acceso a Dios.

10. Romanos 5:1, La fe trae paz para con Dios.

11. Efesios 1:13-14, La fe nos ayuda a tener el sello del Espíritu Santo.

12. 1 Pedro 1:8, La fe trae esperanza a nuestras vidas.

13. Santiago 2:24, La fe acompañada de obras de obediencia produce justificación.

14. Efesios 6:16, La fe nos ayuda a apagar los dardos de fuego del maligno.

15. 2 Timoteo 4:7-8, La fe debe ser guardada para poder obtener la salvación.

LA DOCTRINA SOBRE LA SANGRE DE CRISTO

"Sabiendo que fuisteis rescatados de vuestra vana manera de vivir, la cual recibisteis de vuestros padres, no con cosas corruptibles, como oro o plata, sino con la preciosa sangre de Cristo, como de un cordero sin mancha y sin contaminación, ya destinado desde antes de la fundación del mundo, pero manifestado en los postreros tiempos por amor a vosotros" – 1 Pedro 1:18-20

LA SANGRE DE CRISTO

1. 1 Pedro 1:18-20, Por medio de ella fuimos rescatados.
2. 1 Pedro 1:19, La sangre de Cristo es preciosa.
3. 1 Pedro 1:20, La sangre de Cristo fue destinada desde antes de la fundación del mundo.
4. Efesios 1:7; Colosenses 1:14, Por medio de la sangre de Cristo recibimos el perdón de pecados.
5. Efesios 2:13, La sangre de Cristo nos ha reconciliado.
6. Colosenses 1:20, Por medio de la sangre de Cristo se hace la paz.
7. Hechos 20:28, La sangre de Cristo ganó/compró la iglesia.
8. 1 Juan 1:7, La sangre de Cristo nos limpia de toda maldad.
9. Hebreos 13:12, La sangre de Cristo nos

santifica.

10. Hebreos 9:22, La sangre de Cristo nos purifica y nos perdona.
11. Apocalipsis 1:5, La sangre de Cristo lavó nuestros pecados.
12. Apocalipsis 7:14, Nuestras ropas son emblanquecidas con la sangre de Cristo.
13. Hebreos 10:29, La sangre de Cristo puede ser tenida por inmunda si no somos fieles.
14. 1 Corintios 10:16, La copa de bendición es la sangre de Cristo.
15. 1 Corintios 11:25, La sangre de Cristo es la copa del nuevo pacto.
16. Romanos 3:25, La sangre de Cristo fue la propiciación.
17. Apocalipsis 12:11, Por medio de la sangre del Cordero podemos vencer.

LA DOCTRINA SOBRE EL CANTO

"Hablando entre vosotros con salmos, con himnos y cánticos espirituales, cantando y alabando al Señor en vuestros corazones" -- Efesios 5:19

EL CANTO EN EL ANTIGUO Y NUEVO TESTAMENTO

1. Salmo 100:1, Cantad alegres a Dios, habitantes de toda la tierra.
2. Salmo 9:2, Cantaré a tu nombre.
3. Salmo 30:4, Cantad a Jehová, vosotros sus santos.
4. Salmo 13:6, Cantaré a Jehová, porque me ha hecho bien.
5. Salmo 95:1, Cantemos con júbilo a la roca de nuestra salvación.
6. Salmo 104:33, A Jehová cantaré salmos mientras viva.
7. Salmo 89:1, Cantaré perpetuamente las

EL CANTO EN EL NUEVO TESTAMENTO

1. Mateo 26:30; Marcos 14:26, Y cuando hubieron cantado el himno.
2. Hechos 16:25, Pablo y Silas cantando y orando a la medianoche.
3. Romanos 15:9, Cantaré a tu nombre.

4. Efesios 5:19, Hablando entre vosotros con salmos, himnos y cánticos espirituales.
5. 1 Corintios 14:15, Cantaré con el espíritu, pero también con el entendimiento.
6. Colosenses 3:16, Cantando con gracia en vuestros corazones al Señor.
7. Hebreos 13:15, Sacrificio de alabanza, fruto de labios que confiesan su nombre.
8. Santiago 5:13, Si está alegre cante alabanzas.

LOS INSTRUMENTOS MUSICALES EN LA ADORACIÓN

1. Colosenses 3:17, Todo lo que hagamos en la adoración debe tener autoridad bíblica, es decir, permiso divino; de otra manera no debemos hacerlo.
2. Los instrumentos musicales no tienen autoridad bíblica en el Nuevo Testamento. Ni los apóstoles, ni la iglesia del primer siglo hizo uso de ellos, por ende, usted y yo no debemos hacerlo.
3. No existe autoridad alguna en el Antiguo Testamento para el uso de instrumentos musicales. Si una persona utiliza el Antiguo Testamento como autoridad, entonces también debe practicar el sacrificio de animales, quemar incienso, guardar el sábado como día de reposo, y muchas cosas más que formaron parte de la ley del Antiguo Testamento.
4. El cristiano ya no vive bajo la ley del Antiguo Testamento dado a que esta ley fue solamente para los judíos (Deuteronomio 5:1-3).
5. El Antiguo Testamento ha sido quitado para

establecer el Nuevo (Jeremías 31:31-34; Hebreos 8:1-13; Efesios 2:13-16; Colosenses 2:14; Romanos 7:1-5).

LA DOCTRINA SOBRE LA PREDICACIÓN

"En seguida predicaba a Cristo en las sinagogas, diciendo
que éste era el Hijo de Dios" – Hechos 9:20

LA PREDICACIÓN DE LA PALABRA EN EL ANTIGUO TESTAMENTO

1. Éxodo 4:10-12, Excusas para no predicar la Palabra.
2. 1 Reyes 22:14, Se debe predicar lo que Dios dice.
3. Jonás 3:2, Predica el mensaje que Yo te diré.
4. Jeremías 26:1-2, Predica todo el consejo de Dios.
5. Isaías 30:8-11, Algunos no querrán escuchar la Palabra de Dios.
6. Jeremías 5:31, Algunos predicarán falsa doctrina.
7. Jeremías 14:14, Muchos predicarán sin el permiso de Dios.
8. Jeremías 14:16, Los que predican falsa doctrina serán castigados.
9. Jeremías 23:16-17, Muchos predicarán sus propias opiniones.
10. Jeremías 26:8, Cuando prediques el mensaje de Dios, muchos procurarán lastimarte.
11. Jeremías 29:9, Muchos predicarán falsamente en el nombre del Señor.

12. Ezequiel 2:7, El predicador debe proclamar el mensaje, escuchen, o dejen de escuchar.
13. Ezequiel 3:1, El predicador debe comer la Palabra de Dios y luego predicarla.
14. Ezequiel 3:10-11, El predicador debe guardar en su corazón las Palabras de Dios y luego predicarlas.

LA PREDICACIÓN DE LA PALABRA EN EL NUEVO TESTAMENTO

1. Marcos 1:38, Debemos recordar que estamos aquí para predicar la Palabra.
2. Mateo 28:19, Debemos predicar la Palabra y hacer discípulos.
3. Marcos 16:15, Debemos predicar el evangelio a toda criatura.
4. Marcos 1:22, Debemos predicar con autoridad.
5. Tito 2:15, Debemos predicar la Palabra con autoridad.
6. Mateo 7:28-29, Cuando predicas la Palabra de Dios, la gente se admirará de la doctrina.
7. Hechos 2:22-41, Si predicamos el evangelio, resultados positivos serán manifiestos.
8. Hechos 11:14, Debemos predicar Palabras por las cuales la gente pueda ser salva.
9. Hechos 13:4-12, Cuando prediquemos la Palabra, algunos tratarán de ser un obstáculo.
10. Hechos 18:28, Debemos predicar la Palabra de Dios con vehemencia.
11. Hechos 5:28-29, Debemos predicar aun cuando somos amenazados a no hacerlo.
12. Hechos 20:27, Debemos predicar todo el consejo de Dios.

13. Hechos 28:30-31, Debemos predicar el evangelio hasta el fin.
14. Romanos 1:16, No hay que avergonzarnos del evangelio de Cristo cuando lo predicamos.
15. 1 Corintios 1:18-21, La predicación de la Palabra de Dios es locura para los que se pierden.
16. 1 Corintios 2:2, Debemos predicar no con excelencia de palabras o de sabiduría humana.
17. 1 Corintios 2:2, Debemos enfatizar a Cristo en nuestras predicaciones.
18. 2 Corintios 4:5, Debemos predicar a Cristo y no a nosotros mismos.
19. Colosenses 1:28, Predicamos para presentar perfecto en Cristo Jesús a todo hombre.
20. 1 Tesalonicenses 1:5, El mensaje que predicamos es inspirado por Dios.
21. 1 Tesalonicenses 2:5, Nunca predique con palabras lisonjeras.
22. 1 Tesalonicenses 2:6, Nunca busque la gloria de los hombres cuando predica la Palabra.
23. 1 Timoteo 1:3, Debemos predicar la Palabra para evitar que el error se predique.
24. 2 Timoteo 1:13, Debemos retener las sanas Palabras cuando predicamos.
25. 2 Timoteo 4:2-4, Debemos predicar la Palabra de Dios a tiempo y fuera de tiempo, es decir, cuando quieran escuchar y cuando no quieran escuchar.
26. 2 Timoteo 2:3-4, Debemos predicar con paciencia.
27. Efesios 4:15, Debemos predicar con amor.
28. Tito 2:15, Debemos predicar con autoridad.

29. Tito 2:1, Debemos predicar la sana doctrina.
30. 1 Pedro 4:11, Debemos predicar la Palabra de Dios.

LA DOCTRINA SOBRE LA ÁNGELES

"Y se le apareció un ángel del cielo para fortalecerle" –
Lucas 22:43

LOS ÁNGELES SON SERES CREADOS POR DIOS

1. Génesis 2:1, Dios creó los cielos y la tierra y su ejército.
2. Colosenses 1:16, Todas las cosas por Él fueron creadas, las que están en los cielos y la tierra.
3. Nehemías 9:6, Dios creó los cielos y todo su ejército.

LOS ÁNGELES SON MENSAJEROS DE DIOS

1. Salmo 103:20, Los ángeles ejecutan la Palabra de Dios.
2. Lucas 1:1-25, Mensajeros de Dios.
3. Lucas 1:26-38, Mensajeros de Dios.
4. Lucas 2:8-20, Mensajeros de Dios.
5. Lucas 22:43, Mensajeros de Dios para dar fortaleza.
6. Mateo 4:11, Ángeles vinieron y sirvieron a Jesús.
7. Lucas 16:22, Ángeles llevan a los buenos al seno de Abraham.
8. Mateo 28:5-7, Ángeles avisaron a las mujeres sobre la resurrección de Cristo.

9. Juan 20:10-14, Dos ángeles en la tumba de Cristo.
10. Hechos 8:26, Mensajero de Dios para informar sobre la voluntad de Dios.
11. Hechos 12:7-11, Mensajero de Dios para librar a Pedro de la cárcel.
12. Hechos 12:23, Mensajero de Dios para castigar a Herodes.
13. Hechos 10:1-5, Un ángel le habló a Cornelio.
14. Hechos 27:23-24, Mensajero de Dios para dar ánimo.

EXISTEN ÁNGELES BUENOS Y MALOS

1. Mateo 25:41, Los ángeles malos irán al fuego eterno.
2. 2 Pedro 2:4, Los ángeles malos pecan y son arrojados al tártaro.
3. Judas 6, Los ángeles que no guardaron su dignidad son reservados para la oscuridad de prisiones eternas.
4. Apocalipsis 12:9, Los ángeles malos serán castigados.

NOMBRES DE LOS ÁNGELES

1. Daniel 9:21, El ángel Gabriel.
2. Lucas 1:19, 26, El ángel Gabriel.
3. Judas 9; Daniel 10:13; 12:1, El arcángel Miguel.
4. Apocalipsis 9:11, Abadón (hebreo) y Apolión (griego). El ángel del abismo.
5. Génesis 3:24, Se hace mención de seres celestiales llamados querubines.
6. Isaías 6:2, Se hace mención de serafines.

EL ÁNGEL DEL SEÑOR

1. Éxodo 3:2-6, El ángel del Señor.
2. Génesis 16:7, El ángel del Señor.
3. Números 22:22-24, El ángel del Señor.
4. Jueces 2:1-2, El ángel del Señor.
5. Jueces 6:11-12, El ángel del Señor.
6. 2 Samuel 24:15-16, El ángel del Señor.
7. Zacarías 3:1-2, El ángel del Señor.
8. Hechos 12:7, El ángel del Señor.
9. Hechos 27:23, El ángel del Señor.
10. Lucas 1:11-12, El ángel del Señor.
11. Mateo 2:13, El ángel del Señor.
12. Hechos 8:26, El ángel del Señor.
13. Salmo 34:7, El ángel del Señor.
14. Mateo 28:2, El ángel del Señor.

LOS ÁNGELES VENDRÁN CON CRISTO EN SU SEGUNDA VENIDA

1. Hechos 1:9-11, Ángeles prometieron la segunda venida de Cristo.
2. Mateo 25:31, Los santos ángeles vendrán con Cristo en Su segunda venida.
3. 2 Tesalonicenses 1:7, Los ángeles de Su poder vendrán con Cristo.

LOS ÁNGELES NO DEBEN SER ADORADOS

1. Apocalipsis 19:8-10, El hombre no debe adorar a los ángeles.
2. Apocalipsis 22:8-9, El apóstol Juan fue prohibido de adorar un ángel.
3. Colosenses 2:18, Algunos afectaban culto a los ángeles.

CANTIDAD DE ÁNGELES QUE EXISTEN

1. Génesis 2:1, Un ejército.
2. Daniel 7:10, Millares de millares y millones de millones.
3. Hebreos 12:22, Millares de ángeles.
4. Mateo 26:53, Legiones de ángeles.

INFORMACIÓN ADICIONAL SOBRE LOS ÁNGELES

1. Lucas 15:10, Los ángeles se gozan cuando un pecador se arrepiente.
2. La palabra "ángel" significa mensajero. Esta palabra se puede utilizar para referirse a una persona, como en el caso de Juan el Bautista quien es descrito como un mensajero de Dios (Marcos 1:2). La palabra "mensajero" en este texto viene del griego "ángelos".
3. Apocalipsis 2:1, 8, 12, 18; 3:1, 7, 14, Estos pasajes pueden ser referencia al predicador de las congregaciones aquí mencionadas.
4. 1 Pedro 1:10-12, Los ángeles deseaban conocer el propósito eterno de Dios en la iglesia.
5. Efesios 3:10-11, Los ángeles pudieron aprender sobre la multiforme sabiduría de Dios en la iglesia.
6. Marcos 16:5-8; Lucas 1:26-38; Apocalipsis 22:8-9, Los ángeles se pueden presentar como seres humanos.

LA DOCTRINA SOBRE LA MENTIRA

"La mentira aborrezco y abomino; Tu ley amo" – Salmo
119:163

LA BIBLIA CONDENA LA MENTIRA
1. Levítico 19:11, No engañaréis ni mentiréis el uno al otro.
2. Salmo 119:163, La mentira aborrezco y abomino.
3. Proverbios 12:22, Los labios mentirosos son abominación a Jehová.
4. Proverbios 6:16-19, Dios aborrece la lengua mentirosa y el testigo falso.
5. Efesios 4:25, Desechad la mentira.
6. Colosenses 3:9, No mintáis los unos a los otros.

EJEMPLOS DE PERSONAJES QUE MINTIERON
1. Génesis 3, Adán y Eva
2. Génesis 3, Satanás
3. Génesis 4, Caín
4. Génesis 12:11-18
5. Génesis 26:6-11, Isaac
6. Génesis 27:18-29, Jacob
7. Génesis 29:15-30, Labán
8. Génesis 37:32, Los hijos de Jacob
9. Génesis 39:17, La esposa de Potifar
10. Juan 8:44, Satanás es el padre de las mentiras

11. Hechos 5:1-11, Ananías y Safira
12. Juan 18:15-27, Pedro

LAS ETERNAS CONSECUENCIAS DE PRACTICAR LA MENTIRA

1. Mateo 12:36-37, Seremos juzgados por toda palabra ociosa que salga de nuestra boca.
2. Apocalipsis 21:8, Los mentirosos estarán en el lago de fuego.
3. Apocalipsis 21:27, Los mentirosos no entrarán al cielo.
4. Apocalipsis 22:15, Los mentirosos estarán fuera del cielo.
5. Romanos 6:23, La paga del pecado es muerte.

LA ACTITUD DEL CRISTIANO ANTE LA MENTIRA

1. Salmo 119:29, Aparta de mí el camino de la mentira.
2. Salmo 120:2, Libra mi alma, del labio mentiroso.
3. Proverbios 8:7, Mi boca hablará verdad.
4. Proverbios 13:5, El justo debe aborrecer la mentira.
5. Proverbios 14:5, El cristiano verdadero no debe mentir.
6. Levítico 19:11, No mentir el uno al otro.
7. Colosenses 3:9, No mintáis los unos a los otros.
8. Efesios 4:25, Debemos desechar la mentira y hablar verdad los unos con los otros.
9. Apocalipsis 21:8, 27; 22:15, Debemos recordar las serias consecuencias que vienen si practicamos la mentira.

DIOS NO PRACTICA LA MENTIRA

1. Números 23:19, Dios no es hombre para que mienta.
2. Tito 1:2, Dios no miente.
3. Hebreos 6:18, Es imposible que Dios mienta.
4. 1 Pedro 1:15-16, Dios es santo.

LA DOCTRINA SOBRE EL HADES

"Y yo también te digo, que tú eres Pedro, y sobre esta roca edificaré mi iglesia; y las puertas del Hades no prevalecerán contra ella" – (Mateo 16:18).

EL HADES EN EL ANTIGUO TESTAMENTO

1. La palabra "Hades" viene del griego Jades que denota en su sentido general el lugar de reunión y residencia para todos los que parten del mundo actual, en otras palabras, al mundo del más allá (Theological Lexicon of the New Testament Greek por Cremer, p. 67).

2. Según la enseñanza de la Biblia, el Hades es el lugar donde van los muertos después de que mueren físicamente (Lucas 16:19-31).

3. Las palabras "Seol" y "Hades" se utilizan intercambiablemente en la Biblia. Esto lo comprueba Salmo 16:8-11 y Hechos 2:27.

4. La palabra "paraíso" debe ser interpretada dentro de su contexto ya que en algunos contextos puede denotar el cielo y en otros, el seno de Abraham, que es donde Jesús y el ladrón en la cruz fueron (Lucas 23:43). Los que no prestan atención al uso del contexto terminan concluyendo que esta palabra siempre es referencia al cielo y no al seno de Abraham, el cual está localizado en el Hades.

Recuerde que Jesús todavía no había subido al cielo después de su resurrección (Juan 20:17).

5. La pronunciación correcta de la palabra "Hades" es Jades ya que el espíritu rudo está colocado en la primera vocal alfa.

EL HADES EN EL NUEVO TESTAMENTO
1. Mateo 11:23, Hasta el Hades serás abatida.
2. Mateo 16:18, Las puertas del Hades no prevalecerán contra la iglesia.
3. Lucas 10:15, Hasta el Hades serás abatida.
4. Lucas 16:23, Y en el Hades alzó sus ojos.
5. Hechos 2:27, No dejarás mi alma en el Hades.
6. Hechos 2:31, Su alma no fue dejada en el Hades.
7. Apocalipsis 1:18, Tengo las llaves de la muerte y del Hades.
8. Apocalipsis 6:8, Y el Hades le seguía.
9. Apocalipsis 20:13, Y la muerte y el Hades entregaron los muertos que había en ellos.
10. Apocalipsis 20:14, Y la muerte y el Hades fueron lanzados al lago de fuego.

LO QUE LUCAS 16:19-31 NOS ENSEÑA
1. En la tierra unos gozaran mientras que otros sufrirán (Lucas 16:19-21).
2. Todos los hombres llegarán a un punto en el cual tendrán que partir de este mundo (Lucas 16:22).
3. Nuestra conducta en la tierra determinará nuestro destino eterno (Lucas 16:23-24).
4. En el Hades las personas podrán reconocer a los demás (Lucas 16:25).

5. Media vez la persona muere, ya no puede cambiar su destino eterno (Lucas 16:26).
6. El Hades estará lleno de personas con buenas intenciones (Lucas 16:27-28).
7. Los muertos se preocupan por los vivos (Lucas 16:27-28).
8. El hombre debe obedecer las Escrituras para ser salvo (Lucas 16:29-31).
9. La muerte no es el final, sino el principio.

LA DOCTRINA SOBRE EL DIVORCIO

"Y yo os digo que cualquiera que repudia a su mujer, salvo por causa de fornicación, y se casa con otra, adultera, y el que se casa con la repudiada, adultera" – Mateo 19:9

EL PLAN DE DIOS PARA EL MATRIMONIO

1. Génesis 2:24, Dios creó al hombre y la mujer. Cuando se casan, ambos dejan a padre y madre y se unen el uno al otro.
2. Mateo 19:4, Dios creó al hombre para que se uniera a su mujer. Jesús dice, "varón y hembra los hizo"
3. 1 Corintios 7:1-2, El hombre debe aprender a tener su propia mujer.
4. Efesios 5:21-33, Dios ha provisto instrucciones/modelo tanto para el esposo como la esposa.
5. Proverbios 18:22, El que halla esposa halla el bien, y alcanza la benevolencia de Jehová.

LA ENSEÑANZA DIVINA SOBRE EL DIVORCIO

1. Malaquías 2:16, Dios aborrece el divorcio.
2. Mateo 19:9, Dios, aunque aborrece el divorcio, ha provisto una causa por la cual el divorcio se puede llevar a cabo—la fornicación.
3. Mateo 5:32, El divorcio debe ser por causa de fornicación y no otras causas.
4. 1 Corintios 7:11, Si la pareja se separa, no por

fornicación, entonces no pueden volver a casarse.

LA SOLUCIÓN AL PROBLEMA DEL DIVORCIO

1. Efesios 5:21-33, El esposo y la esposa deben obedecer las leyes de Dios en cuanto al matrimonio.
2. 1 Corintios 7:2-3, El esposo y la esposa deben cumplir con los deberes conyugales.
3. Gálatas 5:19-21, El esposo y la esposa deben mantenerse alejados de las obras de la carne.
4. 1 Pedro 2:11, El esposo y la esposa deben abstenerse de los deseos carnales que batallan contra el alma.
5. Efesios 5:33, El esposo y la esposa deben respetarse mutuamente.

SOLAMENTE TRES CLASES DE PERSONAS PUEDEN CASARSE

1. Los que nunca se han casado y se casarán por primera vez pueden entrar al matrimonio, todo y cuando se casen con alguien que es elegible para entrar en un matrimonio.
2. Los que han pasado por un divorcio causado por fornicación pueden volver a casarse, es decir, SOLAMENTE el inocente puede volver a casarse, y NO el culpable (Mateo 19:9).
3. Los viudos pueden volver a casarse con el permiso de Dios, todo y cuando se casen con alguien que es elegible para casarse (Romanos 7:1-5).
4. Una nota de suma importancia: Todos los que se van a casar deben hacer conciencia de lo

serio que es el matrimonio. El matrimonio no es un juego de niños. El matrimonio es para toda la vida, por lo cual, el hombre y la mujer deben buscar una persona que les ayudará a ir al cielo, y no alguien que te va a apartar de la fe.

LA DOCTRINA SOBRE LA IDOLATRÍA

"No tendrás dioses ajenos delante de mí. No te harás imagen, ni ninguna semejanza de lo que esté arriba en el cielo, ni abajo en la tierra, ni en las aguas debajo de la tierra" – Éxodo 20:3-4

LA IDOLATRÍA EN EL ANTIGUO TESTAMENTO

1. Éxodo 20:1-4, No hacer imágenes ni inclinarse a ellas.
2. Éxodo 23:13, No mentaréis nombres de otros dioses, ni se oirá de vuestra boca.
3. Deuteronomio 5:8, No hacer escultura, ni imagen alguna de cosa que está arriba en los cielos, ni abajo en la tierra.
4. Levítico 19:4, No os volveréis a los ídolos, ni haréis para vosotros dioses de fundación.
5. 1 Samuel 15:23, La obstinación de ellos son sus ídolos y su idolatría.
6. Isaías 44:9, Los formadores de imágenes son vanidad.
7. Oseas 11:2, A los ídolos ofrecían sahumerios.
8. Habacuc 2:19, ¡Ay del que dice al palo: Despierta; y a la piedra muda: Levántate!
9. Ezequiel 18:12, Alzan sus ojos a los ídolos.
10. Daniel 3:5-7, Adorar la estatua de oro del rey.
11. Salmo 115:1-8, Idolatría condenada.

LA IDOLATRÍA EN EL NUEVO TESTAMENTO

1. Hechos 15:29, Sacrificado a los ídolos.
2. Hechos 17:29, La Divinidad no es semejante a otro, o plata, o piedra, escultura de arte y de imaginación de hombres.
3. Romanos 1:23, Cambiaron la imagen de Dios por la de los ídolos.
4. 1 Corintios 10:7, No sean idolatras.
5. 1 Corintios 10:14, Huid de la idolatría.
6. 1 Corintios 12:2, Los ídolos mudos.
7. 1 Corintios 8:4, Un ídolo no es nada en el mundo.
8. Colosenses 2:18, Adorando ángeles.
9. Colosenses 3:5, La avaricia que es idolatría.
10. 1 Juan 5:21, Manténganse alejados de los ídolos.
11. Gálatas 5:19-21, La idolatría es obra de la carne.
12. Apocalipsis 9:20, No dejaron de adorar a los demonios y a las imágenes de oro, de plata, de bronce, de piedra y de madera, las cuales no pueden ver, ni oír, ni andar.

LA DOCTRINA SOBRE EL PROPÓSITO ETERNO DE DIOS

"Para que la multiforme sabiduría de Dios sea ahora dada a conocer por medio de la iglesia a los principados y potestades en los lugares celestiales, conforme al propósito eterno que hizo en Cristo Jesús nuestro Señor" – Efesios 3:10-11

EL PROPÓSITO ETERNO EN EL ANTIGUO TESTAMENTO

1. El propósito eterno tiene que ver con el plan de redención que Dios planeó desde antes de la fundación del mundo (Efesios 1:4).
2. Este plan no inició en Génesis 3:15, sino más bien, antes de la fundación del mundo (Efesios 1:4; 1 Pedro 1:18-20).
3. Los profetas de la antigüedad deseaban conocer el plan de salvación que Dios tenía en mente (1 Pedro 1:10-12).
4. En Génesis 3:15 encontramos la primera profecía mesiánica de la venida de Cristo.
5. En Isaías 53 se profetizó sobre la muerte de Cristo; dicha muerte era necesaria para la salvación y redención del hombre que pecó (1 Pedro 1:18-20).
6. En Salmo 16:8-11 se profetizó la resurrección de Cristo; dicha resurrección fue necesaria para la salvación del mundo (1 Corintios 15:12-19).
7. En Isaías 2:1-4 encontramos la profecía del

establecimiento de la iglesia de Cristo en Jerusalén; dicho establecimiento fue necesario dado a que en la iglesia se encuentran los que han de ser salvos. La iglesia es el Cuerpo de Cristo (Efesios 1:22-23).

8. En Daniel 2:44 también encontramos una profecía sobre el establecimiento del reino de Cristo. A este reino somos trasladados cuando Dios nos rescata de la potestad de las tinieblas (Colosenses 1:13-14).

EL PROPÓSITO ETERNO EN EL NUEVO TESTAMENTO

1. Mateo 1:21 muestra cómo Jesús vino para salvar al mundo de sus pecados.

2. Juan 1:29 muestra cómo Jesús es el Cordero de Dios que quita el pecado del mundo.

3. Gálatas 4:4 habla de la venida de Jesús en el tiempo indicado por Dios y esto para salvar al hombre.

4. Juan 19:30 muestra la frase "consumado es", indicando como el plan de Dios para salvar al mundo se había llevado a cabo por medio de la muerte de Jesús.

5. 1 Pedro 1:18-20 muestra que la muerte de Jesús estuvo en la mente de Dios desde antes de la fundación del mundo.

6. Efesios 1:4 muestra cómo Dios nos escogió en Cristo desde antes de la fundación del mundo.

7. Tito 1:2 muestra que Dios prometió la esperanza de vida eterna desde antes del principio de los siglos.

8. 2 Timoteo 1:9 muestra la gracia que nos fue

dada en Cristo Jesús antes de los tiempos de los siglos.

9. 2 Tesalonicenses 2:13 muestra que Dios nos escogió para salvación desde el principio.

10. Efesios 3:11 muestra que el propósito eterno se llevó a cabo en Cristo Jesús.

EL CÓMO FORMAR PARTE DEL PROPOSITO ETERNO DE DIOS

1. Varios pasajes muestran que este propósito fue en Cristo Jesús.

2. El hombre debe estar en Cristo para formar parte de los escogidos desde antes de la fundación del mundo (Efesios 1:4).

3. El hombre puede entrar en Cristo por medio del bautismo en agua (Gálatas 3:27; 1 Corintios 12:13).

4. El perdón de pecados se encuentra en Cristo (Efesios 1:7; Colosenses 1:14).

5. La reconciliación se encuentra en Cristo (Efesios 2:13-16).

6. La vida eterna, que es el resultado final del propósito eterno de Dios, se encuentra en Cristo (Juan 11:25-26; 1 Juan 5:11).

7. El Señor añade cada día a la iglesia los que escuchan el evangelio, creen, se arrepienten de sus pecados, confiesan a Cristo como el Hijo de Dios y son sumergidos en agua para el perdón de los pecados (Hechos 2:22-47).

LA DOCTRINA SOBRE LAS OBRAS DE LA CARNE

"Sino vestíos del Señor Jesucristo, y no proveáis para los deseos de la carne" – Romanos 13:14

UNA LISTA SOBRE LAS OBRAS DE LA CARNE EN MARCOS 7:20-23

1. Malos pensamientos (V. 21).
2. Adulterio (v. 21).
3. Fornicaciones (v. 21).
4. Homicidios (v. 21).
5. Hurtos (v. 22).
6. Avaricias (v. 22).
7. Maldades (v. 22).
8. Engaño (v. 22).
9. Lascivia (v. 22).
10. Envidia (v. 22).
11. Maledicencia (v. 22).
12. Soberbia (v. 22).
13. Insensatez (v. 22).

UNA LISTA SOBRE LAS OBRAS DE LA CARNE EN GÁLATAS 5:19-21

1. Adulterio (v. 19).
2. Fornicación (v. 19).
3. Inmundicia (v. 19).
4. Lascivia (v 19).
5. Idolatría (v. 20).

6. Hechicerías (v. 20).
7. Enemistades (v. 20).
8. Pleitos (v. 20).
9. Celos (v. 20).
10. Iras (v. 20).
11. Contiendas (v. 20).
12. Disensiones (v. 20).
13. Herejías (v. 20).
14. Envidias (v. 21).
15. Homicidios (v. 21).
16. Borracheras (v. 21).
17. Orgías (v. 21).

UNA LISTA DE LAS OBRAS DE LA CARNE SEGÚN EFESIOS 4:25-31

1. Mentira (v. 25).
2. Hurto (v. 28).
3. Malas palabras (v. 29).
4. Amargura (v. 31).
5. Enojo (v. 31).
6. Ira (v. 31).
7. Gritería (v. 31).
8. Maledicencia (v. 31).
9. Malicia (v. 31).

UNA LISTA DE LAS OBRAS DE LA CARNE SEGÚN COLOSENSES 3:5

1. Fornicación (v. 5).
2. Impureza (v. 5).
3. Pasiones desordenadas (v. 5).
4. Malos deseos (v. 5).
5. Avaricia (v. 5).
6. Idolatría (v. 5).

DESCRIPCIONES DE LOS QUE PRACTICAN LAS OBRAS DE LA CARNE SEGÚN 2 TIMOTEO 3:1-9

1. Amadores de sí mismos (v. 2)
2. Avaros (v. 2).
3. Vanagloriosos (v. 2).
4. Soberbios (v. 2).
5. Blasfemos (v. 2).
6. Ingratos (v. 2).
7. Impíos (v. 2).
8. Sin afecto natural (v. 3).
9. Implacables (v. 3).
10. Calumniadores (v. 3).
11. Intemperantes (v. 3).
12. Crueles (v. 3).
13. Aborrecedores de lo bueno (v. 3).
14. Traidores (v. 4).
15. Impetuosos (v. 4).
16. Infatuados (. 4).
17. Amadores de los deleites más que de Dios (v. 4).
18. Tendrán apariencia de piedad (v. 5).
19. Negaran la eficacia de la piedad (v. 5).
20. Resisten a la verdad (v. 8).

DESCRIPCIONES DE LOS QUE PRACTICAN LAS OBRAS DE LA CARNE SEGÚN 2 PEDRO 2:1-16

1. Introducen encubiertamente herejías destructoras (v. 1).
2. Niegan al Señor que los rescató (v. 1).
3. Hacen mercadería de los cristianos con palabras fingidas (v. 2).
4. Injustos (v. 9).

5. Andan en concupiscencia (v. 10).
6. Andan en inmundicia (v. 10).
7. Desprecian la autoridad (v. 10).
8. Atrevidos (v. 10).
9. Contumaces (v. 10).
10. No temen decir mal de las potestades superiores (v 10).
11. Hablan mal de cosas que no entienden (v. 12).
12. Actúan como animales irracionales (v. 12).
13. Perecen en su propia destrucción (v. 12).
14. Son inmundicias y manchas (v. 13).
15. Se recrean en sus errores (v. 13).
16. Tienen ojos llenos de adulterio (v. 14).
17. No se sacian de pecar (v. 14).
18. Seducen a las almas inconstantes (v. 14).
19. Tienen el corazón habituado a la codicia (v. 14).
20. Son hijos de maldición (v. 14).
21. Han dejado el camino recto (v. 15).

LA ACTITUD DEL CRISTIANO ANTE LAS OBRAS DE LA CARNE

1. Romanos 13:14, Debemos vestirnos del Señor Jesús y no proveer para los deseos de la carne.
2. Gálatas 5:16, Debemos andar en el Espíritu y no satisfacer los deseos de la carne.
3. Colosenses 3:5-6, Debemos hacer morir lo terrenal en nosotros.
4. Colosenses 3:1-2, Debemos poner la mira en las cosas de arriba y no en las de la tierra.
5. 2 Corintios 6:14, Debemos de no unirnos en yugo desigual con los incrédulos.
6. 2 Corintios 6:17, Debemos salir de en medio de los que practican el pecado.

7. 2 Corintios 7:1, Debemos limpiarnos de toda contaminación de carne y de espíritu, perfeccionando la santidad en el temor de Dios.

8. 1 Corintios 6:19-20, Debemos recordar que nuestro cuerpo es templo del Espíritu Santo y que no somos nuestros.

9. Efesios 3:4, Debemos recordar que hemos sido escogidos desde antes de la fundación del mundo para ser santos y sin mancha delante de Cristo y Dios.

10. Efesios 2:1-4, Debemos recordar que ya no seguimos la corriente de este siglo y que ya no andamos en los deseos de la carne.

11. Efesios 5:7, Debemos de alejarnos de los que practican el pecado.

12. Efesios 5:11, Debemos evitar la comunión con los pecadores.

13. Filipenses 1:27, Debemos comportarnos como es digno del evangelio.

14. 1 Tesalonicenses 4:3, Debemos recordar la voluntad de Dios en cuanto a nuestra santificación y el apartarnos de la fornicación.

15. 1 Tesalonicenses 5:22, Debemos abstenernos de toda especie de mal.

16. 1 Pedro 1:14-16, Debemos ser santos como Dios es Santo.

17. 1 Pedro 2:11, Debemos abstenernos de los deseos carnales que batallan contra el alma.

18. Romanos 6:23; Apocalipsis 21:8, 27; 22:14, Debemos recordar las terribles consecuencias de practicar las obras de la carne.

LA DOCTRINA SOBRE EL FRUTO DEL ESPÍRITU

"Porque el fruto del Espíritu es en toda bondad, justicia y verdad" – Efesios 5:9

UNA LISTA DEL FRUTO DEL ESPÍRITU SEGÚN GÁLATAS 5:22

1. Amor (v. 22).
2. Gozo (v. 22).
3. Paz (v. 22).
4. Paciencia (v. 22).
5. Benignidad (v. 22).
6. Bondad (v. 22).
7. Fe (v. 22).
8. Mansedumbre (v. 23).
9. Templanza (v. 23).

UNA LISTA DEL FRUTO DEL ESPÍRITU SEGÚN SANTIAGO 3:17-18

1. Pureza (v. 17).
2. Paz (v. 17).
3. Amabilidad (v. 17).
4. Benignidad (v. 17).
5. Misericordia (v. 17).
6. Buenos frutos (v. 17).
7. Sin incertidumbre (v. 17).
8. Sin hipocresía (v. 17).
9. Justicia (v. 18).

COSAS QUE NOS PUEDEN AYUDAR A CULTIVAR EL FRUTO DEL ESPÍRITU SEGÚN 2 PEDRO 1:5-7

1. Fe (v. 5).
2. Virtud (v. 5).
3. Conocimiento (v. 6).
4. Dominio propio (v. 6).
5. Paciencia (v. 6).
6. Piedad (v. 6).
7. Afecto fraternal (v. 7).
8. Amor (v. 7).

FACTORES ADICIONALES QUE NOS PUEDEN AYUDAR A CULTIVAR EL FRUTO DEL ESPÍRITU

1. Amor a Dios y a Cristo (Juan 14:15).
2. Santidad (Hebreos 12:14; 1 Pedro 1:14-16; 2:11).
3. El estudio de la Biblia (Salmo 119:9, 11; Efesios 6:17).
4. La oración (Mateo 26:41; Efesios 6:18).
5. El amor hacia los hermanos (Juan 13:34-35; Romanos 12:9).
6. El amor hacia los no-cristianos (Gálatas 6:10; Marcos 12:31).
7. Obediencia a la voluntad de Dios (Mateo 7:21; Hebreos 5:8-9).
8. Nuestra fe en Dios (1 Juan 5:4).

LA DOCTRINA SOBRE RETRATOS BÍBLICOS

"Él es la imagen del Dios invisible, el primogénito de toda creación"-- Colosenses 1:15.

RETRATOS DE CRISTO

1. Juan 1:29, El Cordero de Dios.
2. Juan 6:35, 48, El Pan de Vida.
3. Juan 8:12, La Luz del mundo.
4. Juan 10:9, La Puerta.
5. Juan 10:11, El Buen Pastor.
6. Juan 11:25, La Resurrección y la Vida.
7. Juan 14:6, El Camino, la Verdad y la Vida.
8. Apocalipsis 1:5, El Testigo Fiel.
9. Apocalipsis 5:5, El León.
10. Hebreos 3:1, El Apóstol.
11. 1 Timoteo 2:5, El Mediador.
12. Deuteronomio 18:18-19; Hechos 3:22-26, Profeta.
13. 1 Juan 2:1-2, El Abogado.
14. Mateo 20:28, El Servidor/Diácono.
15. Juan 1:1, Dios.
16. Juan 1:1, El Verbo.
17. Mateo 2:2, Rey.
18. Hechos 2:36, Señor y Cristo.
19. 1 Corintios 15:45, El último Adán.
20. Apocalipsis 22:13, El Alfa y la Omega.
21. Apocalipsis 3:14, El Amén.
22. 2 Timoteo 4:8, Juez Justo.

23. Isaías 7:14, Emanuel
24. Isaías 9:6, Admirable, Consejero, Dios fuerte, Padre eterno, Príncipe de paz.
25. Colosenses 1:18, Cabeza de la iglesia.
26. Hechos 3:15, Príncipe de Vida.

RETRATOS DE DIOS

1. Salmo 119:33, Jehová.
2. Lucas 6:20, Dios.
3. Mateo 26:39, Padre.
4. Hechos 4:29, Señor.
5. Salmo 90:1-2, Eterno.
6. 2 Crónicas 16:9; Proverbios 15:3, Omnipresente.
7. Salmo 139:4; 1 Juan 3:20, Omnisciente.
8. Génesis 17:1; Mateo 19:26, Omnipotente.
9. Malaquías 3:6; Hebreos 13:8, Inmutable.
10. Levítico 19:2; 1 Pedro 1:16, Santo.
11. Deuteronomio 32:4, Justo.
12. 2 Timoteo 2:13, Fiel.
13. Salmo 145:9, Benevolente.
14. Éxodo 34:6-7, Misericordioso.
15. 1 Juan 4:8, Amor.
16. Proverbios 3:19, Sabio.
17. Génesis 1:1; Números 23:19; Salmo 19:1, *Elohim*, Dios.
18. Génesis 2:4; Éxodo 6:2-3, *Yahweh*, El Señor.
19. Génesis 14:17-20; Números 24:16, *El Elyon*, Dios altísimo.
20. Génesis 16:13, *El Roi*, El Dios que ve.
21. Génesis 17:1; Salmo 91:1, *El Shaddai,* Dios todopoderoso.
22. Génesis 22:13-14, *Yahweh Yireh*, El Señor proveerá.

23. Éxodo 17:15, **Yahweh Nisi**, Jehová es mi estandarte.
24. Deuteronomio 6:4, **Adonai**, El Señor.
25. Jueces 5:3; Salmo 59:5; Isaías 17:6, **Yahweh Elohi Yisrael**, El Señor Dios de Israel.
26. Jueces 6:24, **Yahweh Shalom**, El Señor es paz.
27. Isaías 1:4, **Quedosh Yisrael**, El Santo de Israel.
28. 1 Samuel 1:3; Isaías 6:1-3, **Yahweh Sabaoth**, El Señor de los ejércitos.
29. Isaías 40:28-31, **El Olam**, El Dios eterno.
30. Jeremías 23:6; 33:16, **Yahweh Tsidkenu**, El Señor es nuestra justicia.
31. Ezequiel 48:35, **Yahweh Sama**, El Señor está allí.
32. Daniel 7:9-13, Attiq Yomin, El Anciano de días.

RETRATOS DEL CRISTIANO

1. Mateo 4:19; Marcos 1:17; Lucas 5:10, Pescador de hombres.
2. Efesios 1:1; 1 Pedro 2:9, Santo.
3. Hechos 11:26; 26:28; 1 Pedro 4:16, Cristiano.
4. 2 Timoteo 2:1-3, Soldado.
5. 2 Timoteo 2:4, Atleta.
6. 2 Timoteo 2:5, Labrador.
7. Tito 1:1, Esclavo.
8. 2 Corintios 5:20, Embajador.
9. Efesios 2:22; 1 Corintios 6:19-20, Templo.
10. 2 Timoteo 2:21, Instrumento.

RETRATOS DEL ESPÍRITU SANTO

1. Hechos 1:8, Espíritu Santo.
2. 1 Corintios 3:16, El Espíritu de Dios.
3. Hebreos 9:14, Espíritu Eterno.

4. Juan 14:26, El Consolador, Espíritu Santo.
5. Juan 15:26, El Espíritu de Verdad, Consolador.
6. Juan 16:13, El Espíritu de Verdad.

RETRATOS DE LA IGLESIA
1. Mateo 16:18, Iglesia
2. Efesios 1:22-23; Colosenses 1:18, Cuerpo de Cristo
3. Marcos 9:1; Colosenses 1:13, El Reino de Cristo.
4. 1 Corintios 3:16-17, El Templo de Dios.
5. Efesios 2:19, La familia de Dios.
6. Efesios 6:10-17; 2 Timoteo 2:3-4, El ejército de Cristo.
7. 1 Corintios 3:9, Colaboradores de Dios, labranza de Dios.
8. Hebreos 12:23, La congregación de los primogénitos.
9. 1 Pedro 2:9, Linaje escogido, real sacerdocio, nación santa, pueblo adquirido por Dios.
10. 1 Corintios 1:2; Hechos 20:28, La Iglesia de Dios.

RETRATOS DE LA BIBLIA
1. 2 Timoteo 3:16, Escritura.
2. Colosenses 3:16, La Palabra de Cristo.
3. Efesios 6:17, La Espada del Espíritu.
4. Hebreos 4:12, Espada de dos filos.
5. 1 Pedro 2:1-2, Leche espiritual.
6. Jeremías 23:29, Fuego y Martillo.
7. Santiago 1:23-25, Espejo de Dios.
8. Lucas 8:11, La semilla.
9. Salmo 119:9, Palabra.
10. Salmo 119:11, Dichos.

11. Salmo 119:39, Juicios.
12. Salmo 119:16, Estatutos.
13. Salmo 119:2, Testimonios.
14. Salmo 119:4, Mandamientos.
15. Salmo 119:7, Justos juicios.
16. Salmo 119:15, Caminos.
17. Salmo 119:97, Ley.
18. Jeremías 6:16, Sendas antiguas.

LA DOCTRINA SOBRE LA UNIDAD DE LA IGLESIA

"Así que, sigamos lo que contribuye a la paz y a la mutua edificación" – Romanos 14:19

LA EXHORTACIÓN A LA UNIDAD EN LA IGLESIA

1. 1 Corintios 1:10-13, Pablo exhorta a ser de un mismo sentir.
2. Juan 17:1-26, Jesús oró por la unidad.
3. Efesios 4:3, Pablo exhorta a guardar la unidad.
4. Filipenses 1:27, Pablo exhorta a estar firmes en un mismo espíritu y combatiendo unánimes por la fe.
5. Filipenses 2:2; 3:15; 4:2, Pablo exhorta a sentir lo mismo.

LAS BASES PARA LA UNIDAD BÍBLICA

1. Efesios 4:4, Un Cuerpo.
2. Efesios 4:4, Un Espíritu Santo.
3. Efesios 4:4, Una Esperanza de vida eterna.
4. Efesios 4:5, Un Señor.
5. Efesios 4:5, Una Fe.
6. Efesios 4:5, Un Bautismo.
7. Efesios 4:6, Un Dios y Padre.

INGREDIENTES ESENCIALES PARA LA UNIDAD

1. Colosenses 3:14, El vestirse de amor.

2. Hechos 2:43-46, Estar juntos siempre y ayudarnos en nuestras necesidades.
3. 1 Corintios 1:10-13, Debemos ser de una misma mente y un mismo parecer.
4. Juan 13:34-35, El amor fraternal.
5. Efesios 4:3, Debemos esforzarnos a lo máximo por contribuir a la unidad; esto es lo que significa la palabra "solícitos".
6. Hechos 4:32, Debemos ser de un corazón y un alma.
7. Hechos 22:44-46, Debemos estar dispuesto a ayudarnos los unos a los otros.
8. Romanos 14:19, Debemos seguir lo que contribuye a la paz y a la mutua edificación.
9. Filipenses 2:3-4, Debemos de considerar a los demás como superiores a nosotros mismos.
10. Colosenses 3:1-2, Debemos buscar las cosas de arriba siempre.

LA DOCTRINA SOBRE LOS MENSAJES CENTRALES DEL NUEVO TESTAMENTO

LOS MENSAJES CENTRALES DEL NUEVO TESTAMENTO

1. **Mateo**: Jesús es el Rey de los judíos y salvador del mundo.
2. **Marcos:** Jesús es el Siervo incansable que sirve a los demás, haciéndoles el bien.
3. **Lucas:** Jesús es presentado como el perfecto ser humano quien nos muestra que como hombres podemos servir fielmente a Dios.
4. **Juan:** Jesús es el Hijo de Dios.
5. **Hechos**: El evangelio de Cristo es predicado a todo el mundo.
6. **Romanos:** La justificación se obtiene solamente por medio de una fe obediente en Cristo Jesús y Su evangelio.
7. **1 Corintios:** La unidad es la solución a todos los problemas que se encuentran en la iglesia.
8. **2 Corintios**: El apostolado de Pablo es de origen divino y no humano.
9. **Gálatas:** No hay otro evangelio.
10. **Efesios**: La iglesia de Cristo en el propósito eterno de Dios.
11. **Filipenses:** Viviendo por Cristo como es digno del evangelio.
12. **Colosenses:** La Supremacía de Cristo como

creador, cabeza de la iglesia y poseedor de la Deidad.

13. **1 Tesalonicenses**: Viviendo fielmente en vista a la segunda venida de Cristo.

14. **2 Tesalonicenses**: No descuides tu salvación.

15. **1 Timoteo:** Conduciéndonos dignamente en la casa de Dios que es la iglesia.

16. **2 Timoteo**: Reteniendo la sana doctrina.

17. **Tito:** Corrigiendo lo deficiente en la iglesia.

18. **Filemón:** El poder del evangelio para cambiar al hombre y aprender a perdonar.

19. **Hebreos:** La superioridad de Cristo y el Nuevo Pacto como medio para animar a los cristianos a no abandonar el cristianismo.

20. **Santiago:** El cristiano que es hacedor de la palabra vencerá las pruebas, tendrá una fe viva, se alejará del mal uso de la lengua, evitará la amistad con el mundo y será una persona de oración.

21. **1 Pedro:** Aun en medio de los padecimientos el cristiano debe vivir una vida santa delante de Dios.

22. **2 Pedro:** El conocimiento de la Palabra de Dios nos ayudará a crecer espiritualmente, vencer los falsos maestros y estar bien preparados para la segunda venida de Cristo.

23. **1 Juan:** El cristiano que anda en luz debe tener cuidado de las falsas doctrinas del gnosticismo y procurar a lo máximo vivir una vida fiel delante de Dios.

24. **2 Juan:** El cristiano fiel debe procurar perseverar en la doctrina de Cristo.

25. **3 Juan:** El cristiano fiel proyectará un excelente

ejemplo, el cual puede ser imitado por los demás.

26. **Judas:** El cristiano debe contender ardientemente por la fe que ha sido dada una vez para siempre a los santos.

27. **Apocalipsis:** La victoria del cristiano es segura si persevera hasta el fin.

LA DOCTRINA SOBRE LA LENGUA

"Libra mi alma, oh Jehová, del labio mentiroso, y de la lengua fraudulenta" – Salmo 120:2

LA LENGUA EN EL ANTIGUO TESTAMENTO: SALMOS Y PROVERBIOS

1. Proverbios 18:21, La muerte y la vida están en poder de la lengua.
2. Proverbios 25:15, La lengua blanda quebranta los huesos.
3. Proverbios 6:17, Jehová aborrece la lengua mentirosa.
4. Proverbios 12:18, La lengua de los sabios es medicina.
5. Proverbios 10:20, Plata escogida es la lengua del justo.
6. Proverbios 25:23, El rostro airado ahuyenta la lengua detractora.
7. Proverbios 21:23, El que guarda su boca y su lengua, su alma guarda de angustias.
8. Salmo 5:9, Con su lengua hablan lisonjas.
9. Salmo 10:7, Debajo de su lengua hay vejación y maldad.
10. Salmo 15:3, El que no calumnia con su lengua habitará en el tabernáculo y morará en Su monte santo.
11. Salmo 34:13, Guarda tu lengua del mal.

12. Salmo 35:28, Mi lengua hablará de tu justicia.

13. Salmo 37:30, La lengua del justo habla justicia.

14. Salmo 45:1, Mi lengua es pluma de escribiente muy ligero.

15. Salmo 39:1, Atenderé a mis caminos para no pecar con mi lengua.

16. Salmo 50:19, Tu lengua componía engaño.

17. Salmo 51:14, Cantará mi lengua tu justicia.

18. Salmo 64:3, Los enemigos afilan su espada como lengua.

19. Salmo 57:4, Su lengua es espada aguda.

20. Salmo 52:2, Agravios maquina tu lengua.

21. Salmo 52:4, Engañosa lengua.

22. Salmo 64:8, Sus propias lenguas los harán caer.

23. Salmo 66:17, Fue exaltado con mi lengua.

24. Salmo 71:24, Mi lengua hablará de tu justicia todo el día.

25. Salmo 119:172, Hablará mi lengua tus dichos.

26. Salmo 78:36, Con su lengua le mentían.

27. Salmo 109:2, Han hablado de mí con lengua mentirosa.

28. Salmo 12:3, Jehová destruirá la lengua que habla jactanciosamente.

29. Salmo 12:4, Por nuestra lengua prevaleceremos.

30. Salmo 120:2, Libra oh Jehová mi alma de la lengua fraudulenta.

31. Salmo 139:4, Dios conoce mis palabras antes de que ellas estén en mi lengua.

32. Salmo 140:11, El hombre deslenguado no será firme en la tierra.

LA LENGUA EN EL NUEVO TESTAMENTO

1. Romanos 3:13, Con su lengua engañan.
2. Romanos 14:11, Toda lengua confesará a Dios.
3. Filipenses 2:11, Toda lengua confesará que Jesucristo es el Señor.
4. Santiago 1:26, La religión pura es de aquellos que refrenan su lengua.
5. Santiago 3:5, La lengua se jacta.
6. Santiago 3:6, La lengua es un fuego, un mundo de maldad.
7. Santiago 3:8, Ningún hombre puede domar la lengua.
8. 1 Pedro 3:10, Si quiere ver días buenos y amar su vida, refrene su lengua del mal.
9. 1 Juan 3:18, No amemos de palabra ni de lengua solamente.

LA DOCTRINA SOBRE LOS RECIÉN CONVERTIDOS

"Y llevándolos a su casa, les uso la mesa; y se regocijó con toda su casa de haber creído a Dios" – Hechos 16:34

QUIÉNES SON LOS RECIÉN CONVERTIDOS

1. Aquellos que escucharon el evangelio de Cristo y lo obedecieron (Hechos 2:36-47; 8:12).
2. Aquellos que se arrepintieron de sus pecados (Hechos 2:38; 3:19).
3. Aquellos que confesaron a Cristo como el Hijo de Dios (Hechos 8:37; Romanos 10:9-10; Mateo 10:32-33).
4. Aquellos que fueron sumergidos en agua para obtener el perdón de pecados (Hechos 2:41; 22:16).
5. Aquellos que en este momento viven una vida fiel delante de Dios (Apocalipsis 2:10).

LA RESPONSABILIDAD DE LOS RECIÉN CONVERTIDOS

1. Perseverar en la doctrina de los apóstoles (Hechos 2:42).
2. Ayudar a sus hermanos en Cristo cuando se presenta la necesidad (Hechos 2:44-46).
3. Presentar el evangelio que han obedecido a otros que todavía no lo han obedecido (Marcos

16:15-16; Mateo 28:18-20; Hechos 2:46).

4. Ocuparse en su salvación con temor y temblor (Filipenses 2:12).

5. Amar a Dios con todo su corazón, alma, mente y fuerzas (Marcos 12:30).

6. Buscar las cosas de arriba (Colosenses 3:1-4).

7. Permanecer constantes y creciendo siempre en la obra del Señor (1 Corintios 15:58).

8. Aprender a usar bien la Palabra de verdad (2 Timoteo 2:15).

9. Dedicar tiempo a la lectura de la Biblia (1 Timoteo 4:13).

10. Vencer las tentaciones por medio de la Palabra de Dios (Mateo 4:1-11; Efesios 6:17).

11. Dedicar tiempo a la oración (1 Tesalonicenses 5:17; Mateo 26:41; Marcos 1:35).

12. Amar a sus hermanos en Cristo (Juan 13:34-35; Romanos 12:9; Filipenses 2:1-4).

13. Pelear la buena batalla, acabar la carrera y guardar la fe para obtener una corona de justicia (2 Timoteo 4:7-8).

14. Vivir una vida fiel hasta el fin (Apocalipsis 2:10).

CÓMO PUEDEN CRECER ESPIRITUALMENTE LOS RECIÉN CONVERTIDOS

1. Debe reconocer las responsabilidades que Dios le ha dado y cumplirlas seriamente (Mateo 6:33; Colosenses 3:1-4).

2. Debe reconocer que ahora ya no sirve al diablo, sino a Dios (Colosenses 1:13).

3. Debe reconocer que ahora debe desarrollar una mente diferente a la que antes tenía (Romanos

12:1-2; Filipenses 4:8-9).

4. Debe no conformarse a los deseos que antes tenía estando en su ignorancia (1 Pedro 1:14-15; 2:11).

5. Debe imitar los ejemplos de aquellos que sirvieron a Dios en el pasado (1 Corintios 4:16; 11:1; Filipenses 3:17; 3 Juan 11; Hechos 2:42-46).

6. Debe tener un ferviente deseo de querer ir al cielo (Filipenses 1:21-23; 3:20).

7. Debe hacer tiempo para pensar y practicar cosas espirituales (Colosenses 3:1-4; Mateo 6:33).

8. Debe cuidarse mucho porque el enemigo, el diablo anda alrededor buscando devorarle (1 Pedro 5:8).

9. Debe reconocer que la posibilidad de apartarse del camino es real (1 Corintios 10:12; Filipenses 2:12; 1 Corintios 9:26).

10. Debe reconocer la importancia de cultivar una fe firme para vencer al mundo (1 Juan 5:4).

11. Debe tener mucho cuidado de las compañías con las que se junta (1 Corintios 15:33).

12. Debe mantenerse alejado del mundo (1 Juan 2:15-17; Santiago 4:4; Romanos 12:1-2).

La doctrina sobre el Verdadero Gozo Espiritual

"Regocijaos en el Señor siempre, otra vez os digo, regocijaos" (Filipenses 4:4)

EL VERDADERO GOZO ESPIRITUAL SE EXPERIMENTA CUANDO OBEDECEMOS EL EVANGELIO DE CRISTO

1. Hechos 8:39, El Etíope eunuco continuó gozoso su camino después de haber obedecido el evangelio.
2. Hechos 16:34, El carcelero de filipos se regocijo de haber obedecido el evangelio de Cristo.
3. Lucas 15:7, Hay gozo en el cielo cuando un pecador se arrepiente.

EL VERDADERO GOZO ESPIRITUAL SE EXPERIMENTA CUANDO TENEMOS COMUNIÓN CON LA FAMILIA DE DIOS

1. Salmo 133:1, La comunión con los hermanos es agradable.
2. Hechos 2:46, Los cristianos comen juntos con alegría y sencillez de corazón.
3. Filipenses 4:4, Debemos regocijarnos siempre en el Señor.
4. 2 Timoteo 1:4, Hay gozo cuando nos vemos los unos a los otros en familia.

5. 1 Tesalonicenses 2:20, Los hermanos son nuestra gloria y gozo.

EL VERDADERO GOZO ESPIRITUAL SE EXPERIMENTA CUANDO SUFRIMOS POR CRISTO

1. Filipenses 1:29, Debemos recordar que a nosotros se nos ha concedido el privilegio de sufrir por Cristo.
2. Santiago 1:2, Debemos tener por sumo gozo cuando sufrimos.
3. Colosenses 1:24, Debemos gozarnos en lo que padecemos por Cristo.
4. Hechos 16:25, El gozo en las tribulaciones es ejemplificado en la vida de Pablo y Silas.
5. 1 Pedro 1:8, Aun en medio de las dificultades podemos gozarnos con gozo inefable.
6. 1 Pedro 4:13, Debemos gozarnos por cuanto somos participantes de los padecimientos de Cristo.
7. Mateo 5:10-12, Debemos gozarnos cuando sufrimos por Cristo porque somos bienaventurados y grande es nuestro galardón en los cielos.
8. Judas 24, Dios es grande para guardarnos sin caída y presentarnos sin mancha delante de su gloria con gran alegría.

EL VERDADERO GOZO ESPIRITUAL SE EXPERIMENTA CUANDO ESTUDIAMOS LA PALABRA DE DIOS

1. Jeremías 15:16, La Palabra de Dios viene a ser el gozo y alegría de nuestros corazones.

2. Salmo 19:8, Los mandamientos de Jehová son rectos, que alegran el corazón.
3. Salmo 119:14, El hombre puede gozarse en el camino de los testimonios de Dios.
4. Nehemías 8:12, El pueblo de Dios se goza cuando entiende la Palabra.
5. Salmo 119:16, El hombre debe regocijarse en los estatutos de Dios y nunca olvidar sus palabras.

ᒪA DOCTRINA SOBRE EL SOLDADO DE CRISTO

"Tú, pues, sufre penalidades como buen soldado de Jesucristo" (2 Timoteo 2:3).

EL NUEVO TESTAMENTO DESCRIBE AL CRISTIANO COMO UN SOLDADO DE CRISTO

1. 2 Timoteo 2:3, El Cristiano debe sufrir penalidades como un buen soldado de Cristo.
2. 2 Timoteo 2:4, El Cristiano no puede servir en el ejército/milicia de Cristo sirviendo a dos señores.
3. Filipenses 4:3, Los Cristianos combaten en el ejército de Cristo.
4. Efesios 6:10-18, El Cristiano que es soldado de Cristo debe ponerse toda la armadura de Dios.

EL NUEVO TESTAMENTO MUESTRA QUIÉN ES EL ENEMIGO DEL SOLDADO DE CRISTO

1. 1 Pedro 5:8, El diablo, león rugiente es el enemigo del Cristiano.
2. Mateo 4:1-11, Satanás es el enemigo del Cristiano.
3. Juan 8:44, El diablo y el padre de las mentiras es nuestro enemigo.
4. Filipenses 3:18, Los que pervierten el evangelio de Cristo son nuestros enemigos.
5. Romanos 16:17-18, Los falsos maestros son

nuestros enemigos.

6. Mateo 10:36, Los de su propia casa serán sus enemigos.

7. Mateo 5:44, Los que nos maldicen, aborrecen, ultrajan son nuestros enemigos.

8. Efesios 6:12, Nuestros enemigos espirituales son los principados, potestades, gobernadores de las tinieblas de este siglo, y las huestes espirituales de maldad en las regiones celestes.

EL NUEVO TESTAMENTO MUESTRA LA ARMADURA DEL SOLDADO DE CRISTO

1. 2 Corintios 10:4-5, Las armas del Cristiano no nos carnales, sino poderosas en Dios.

2. Efesios 6:11, 13, El Cristiano debe vestirse de toda la armadura de Dios.

3. Efesios 6:13, El propósito de la armadura de Dios es resistir en el día malo y poder estar firmes contra las asechanzas del diablo.

4. Efesios 6:14, El Cristiano debe ceñir sus lomos con la verdad y vestirse con la coraza de justicia.

5. Efesios 6:15, El Cristiano debe calzar los pies con el apresto del evangelio de la paz.

6. Efesios 6:16, El Cristiano debe tomar el escudo de la fe para apagar los dardos de fuego del maligno.

7. Efesios 6:17, El Cristiano debe tomar el yelmo de la salvación.

8. Efesios 6:17; Hebreos 4:12, El Cristiano debe tomar la espada del Espíritu, que es la Palabra de Dios.

EL NUEVO TESTAMENTO MUESTRA LAS FUERZAS DEL SOLDADO DE CRISTO

1. Efesios 6:18, La oración nos da fuerzas para vencer al enemigo.
2. Mateo 26:41, La oración nos ayuda a vencer las tentaciones.
3. Salmo 119:9, 11; Mateo 4:1-11, La Palabra de Dios nos ayuda a vencer el pecado.
4. Efesios 6:10, Las fuerzas vienen de parte del Señor.
5. Filipenses 4:13, Todo lo podemos en Cristo, quien es el que nos da las fuerzas continuamente.
6. 1 Juan 5:4, Nuestra fe es lo que nos ayuda a vencer al mundo.
7. Isaías 40:29, Dios da esfuerzo al cansado, y multiplica las fuerzas de aquellos que no las tienen.
8. Isaías 40:31, Los que esperan en Jehová tendrán nuevas fuerzas.
9. Salmo 46:1, Dios es el amparo y fortaleza de los que le obedecen.
10. Salmo 28:8, Jehová es la fortaleza y escudo de su pueblo.
11. Efesios 3:20, Dios es poderoso para ayudarnos.
12. Judas 24, Dios es poderoso para ayudar a su pueblo.
13. 2 Corintios 3:4-5, El Cristiano nunca debe pensar que es suficientemente fuerte para estar firme solo, sin la ayuda de Dios.
14. Juan 15:5, Separados de Dios, nada podemos hacer.

EL NUEVO TESTAMENTO MUESTRA DE QUIÉN ES LA VERDADERA VICTORIA

1. 1 Corintios 15:57, Gracias sean dadas a Dios que nos da la victoria por medio de Cristo.
2. 2 Corintios 2:14, Dios nos lleva en triunfo en Cristo Jesús.
3. Filipenses 4:13, Todo lo puedo en Cristo que me fortalece.
4. Juan 16:33, Cristo ha vencido al mundo y por lo tanto, usted y yo debemos estar tranquilos.
5. 1 Juan 4:4, Mayor es el que está de nuestro lado, que el que está en el mundo.
6. Efesios 6:13, La victoria es de aquellos que visten toda la armadura de Dios.
7. 1 Juan 5:4, Nuestra fe puede vencer al mundo.
8. Salmo 119:11, Mateo 4:1-11, La victoria es de aquellos que conocen y guardan la Palabra de Dios.
9. Romanos 8:37-39, El Cristiano es más que vencedor por medio del que nos ha amado.
10. Romanos 8:39, Nada puede separarnos del amor de Dios que es en Cristo Jesús Señor nuestro.

EL NUEVO TESTAMENTO MUESTRA GRANDES BENDICIONES PARA LOS QUE VENCEN

1. Apocalipsis 2:7, El que venciere comerá del árbol de la vida, el cual está en medio del paraíso de Dios.
2. Apocalipsis 2:10, El que venciere recibirá una corona de vida.
3. Apocalipsis 2:11, El que venciere no sufrirá daño de la muerte segunda.

4. Apocalipsis 2:17, El que venciere podrá comer del maná escondido, y recibirá una piedrecita blanca, y en la piedrecita escrito un nombre nuevo, el cual ninguno conoce sino aquel que lo recibe.

5. Apocalipsis 3:5, El que venciere será vestido de vestiduras blancas; y su nombre no será borrado del libro de la vida, y su nombre será confesado por Jesús delante del Padre y sus ángeles.

6. Apocalipsis 3:12, El que venciere será hecho una columna en el templo de Dios y nunca más saldrá de allí.

7. Apocalipsis 3:21, El que venciere podrá sentarse con Jesús en su trono.

8. 2 Timoteo 4:8, El que venciere recibirá una corona de justicia dada por el Juez Justo.

9. Santiago 1:12, El que venciere las tentaciones/pruebas recibirá una corona de vida.

LA DOCTRINA SOBRE EL JUICIO FINAL

"Y de la manera que está establecido para los hombres que mueran una sola vez, y después de esto el juicio" (Hebreos 9:27).

LA REALIDAD DE UN JUICIO FINAL

1. 2 Corintios 5:10, Todos compareceremos ante el tribunal de Cristo.
2. Hebreos 9:27, Está establecido para los hombres que mueran una vez y después el juicio.
3. Romanos 14:12, Todos daremos cuenta a Dios.

EL JUEZ JUSTO DE ESTE JUICIO FINAL: CRISTO

1. Hechos 17:31, Dios ha escogido a Jesús para ser el juzgador de este mundo en el día final.
2. 2 Timoteo 4:8, Jesús es descrito como el juez justo.
3. 2 Timoteo 4:1, Jesús juzgará al mundo cuando venga en Su segunda venida.
4. 2 Corintios 5:10, El tribunal donde seremos juzgados es de Cristo.
5. Mateo 25:31-32, Cristo se sentará en su trono de gloria y juzgará al mundo.
6. 1 Pedro 4:5, Cristo está preparado para juzgar a los vivos y a los muertos (cf. 2 Timoteo 4:1).
7. Romanos 2:16, Dios juzgará por medio de

Cristo los secretos de los hombres, conforme al evangelio.

EL ESTÁNDAR POR EL CUAL SEREMOS JUZGADOS: LA BIBLIA

1. Juan 12:48-49, La Palabra de Dios será el estándar por el cual seremos juzgados.
2. Apocalipsis 20:11-15, La Biblia será el estándar por el cual seremos juzgados.

LA AUDIENCIA DE ESTE JUICIO FINAL: TODO EL MUNDO

1. Mateo 25:32-33, Serán reunidas delante de Cristo todas las naciones.
2. 2 Corintios 5:10, Todos compareceremos ante el tribunal de Cristo.
3. Apocalipsis 20:10-14, Todo mundo será juzgado en este día.

¡Dios bendiga a todos los estudiantes diligentes de la Biblia!

LA DOCTRINA SOBRE EL ESPOSO Y LA ESPOSA

"Por lo demás, cada uno de vosotros ame también a su mujer como a sí mismo; y la mujer respete a su marido" (Efesios 5:33).

LOS ESPOSOS EN LA BIBLIA

1. Efesios 5:23, Deben recordar que son la cabeza de la mujer.
2. Efesios 5:24, Deben recordar que sus esposas deben estar sujetas a ellos.
3. Efesios 5:25, Deben amar a sus esposas así como Cristo amó a la iglesia.
4. Efesios 5:28, Deben amar a sus esposas como a sus mismos cuerpos.
5. Efesios 5:31; Génesis 2:24, Debe dejar a padre y madre para unirse a su mujer.
6. Efesios 5:30, Deben recordar que son miembros los unos de los otros.
7. Efesios 5:33, Deben amar a sus esposas como así mismos.
8. 1 Corintios 7:2, Debe aprender a tener su propia esposa.
9. 1 Corintios 7:3, Debe cumplir con su esposa el deber conyugal.
10. 1 Corintios 7:5, Deben evitar el negarse a su esposa.
11. Proverbios 18:22, Debe recordar que hallar una esposa es hallar el bien y alcanzar la

benevolencia de Jehová.

12. Colosenses 3:19, Deben evitar el ser ásperas con sus esposas.
13. 1 Pedro 3:7, Deben vivir sabiamente con sus esposas.
14. 1 Pedro 3:7, Deben dar honor a sus esposas como a vaso más frágil.
15. 1 Pedro 3:7, Deben reconocer que sus esposas son coherederas de la gracia de la vida.
16. 1 Pedro 3:7, Deben recordar que el no amar a sus esposas resultará en que sus oraciones tengan estorbo.
17. 1 Tesalonicenses 4:3-4, Debe aprender a tener su propia esposa en santidad y honor.
18. Hebreos 13:4, Debe reconocer que el matrimonio debe ser honroso en todos y el lecho sin mancilla.
19. Mateo 19:6, Debe reconocer que su matrimonio es para toda la vida.
20. Génesis 2:24; Mateo 19:4-19, Debe reconocer que el matrimonio es una institución divina.

LAS ESPOSAS EN LA BIBLIA

1. Colosenses 3:18; Efesios 5:24, Deben estar sujetas a sus maridos
2. Efesios 5:22, 24, Deben estar sujetas a sus maridos en todo.
3. Efesios 5:23, Debe recordar que el marido es su cabeza.
4. Efesios 5:33, Debe respetar a su marido.
5. Proverbios 31:11, Debe causar que el corazón de su esposo esté confiado en ella.
6. Proverbios 31:15-31, Cuida de su esposo y sus

hijos.

7. 1 Corintios 7:2, Debe tener su propio esposo.

8. 1 Corintios 7:3, Debe cumplir con su esposo el deber conyugal.

9. 1 Corintios 7:5, Debe evitar el negarse a su esposo.

10. Hebreos 13:4, Debe reconocer que el matrimonio debe ser honroso en todos y el lecho sin mancilla.

11. Mateo 19:6, Debe reconocer que su matrimonio es para toda la vida.

12. Génesis 2:24; Mateo 19:4-19, Debe reconocer que el matrimonio es una institución divina.

Palabras finales

Ha sido para su servidor un privilegio preparar este material para el crecimiento espiritual de mi familia en Cristo. Espero que este libro le pueda ayudar a encontrar aquellos textos y temas que a usted le interesa aprender para compartirlos con alguien más. Dios mediante en un cercano futuro planeo desarrollar una versión más extensa de este material, ya que en la Biblia podemos encontrar toda clase de temas para nuestro beneficio espiritual. Una vez más agradezco a todos los que han utilizado este libro para sus estudios personales. Dios les bendiga siempre y les dé ese ánimo necesario para continuar creciendo en el conocimiento de la Palabra de Dios (2 Pedro 3:18).

Este libro lo dedico a mi familia y a todos los estudiantes de la Escuela de Predicación de Brown Trail donde tengo el privilegio de servir e instruir a más predicadores del evangelio. También lo dedico a todos los hermanos que me han motivado a memorizar la Palabra de Dios. Ellos son: Avon Malone, Ben Bailey, Bill Burk, B.J. Clark, Dave Miller, Edilfonso Rodríguez, George Bailey, Gus Nichols, Gary Fallis, Garland Elkins, Gary Colley, Guy N. Woods, Hardeman Nichols, Hugo McCord, Johnny Ramsey, Maxie Boren, Ken Hope, Perry B. Cotham, Richard Stevens III, Robert Taylor Jr., Scott Lambert, Timothy Sparks, Tom Gaumer y Thomas B. Warren. La mayor parte de estos hermanos fueron mis instructores en la Escuela de Predicación de Brown Trail. Los demás han sido una influencia positiva en el área de la memorización de la Palabra de Dios. Esta práctica de memorizar textos me ha ayudado en gran manera a poder desarrollar este libro. La cantidad de horas que me he ahorrado en buscar textos ha sido sorprendente. Por lo cual, estoy agradecido con Dios por la bendición que me ha dado de poder memorizar y retener una gran cantidad de textos del Antiguo y Nuevo Testamento.

¡A Dios sea la honra y la gloria por medio de un estudio diligente de Su Palabra!

Willie A. Alvarenga
Invierno de 2015

Acerca del Autor

Willie A. Alvarenga es egresado de la Escuela de Predicación de Brown Trail departamento inglés (2001). En el presente colabora como director del departamento español de la Escuela de Predicación de Brown Trail. Nuestro hermano también trabaja como instructor de ambos departamentos. Nuestro hermano es candidato para recibir una licenciatura en Biblia de la Heritage Christian University de Florence, Alabama. Willie es autor de varias notas de estudio que se utilizan en la escuela de Brown Trail, como también en otras partes del mundo. Nuestro hermano lleva 5 años predicando el evangelio por la radio-internet (www.btradio.net) en su programa "Instruyendo a la Hermandad", el cual se transmite en vivo todos los lunes en punto de las 4 p.m. (hora centro). Willie y su esposa Lucy tienen dos hijas, Maggie y Vanessa.

MATERIAL ADICIONAL DISPONIBLE EN ESPAÑOL

Estudios adicionales por Willie A. Alvarenga están disponibles en su sitio web: www.regresandoalabiblia.com

Siéntase libre de descargar cualquier estudio que sea de beneficio para su crecimiento espiritual. En este sitio encontrará comentarios a libros del Nuevo Testamento, notas de estudio sobre una variedad de temas, libros de sermones, lecciones en audio, video y PowerPoint y mucho más. Los estudios en libros están disponibles en formato PDF, por lo cual, usted tendrá que descargar un programa para poder leerlos.

Notas

Notas

Notas

P.O. Box 211741
Bedford, TX. 76095
lapalabrapublisher.com

**ISBN-13:
978-1543037258**

**ISBN-10:
1543037259**